BIOGRAPHIE CONTEMPORAINE

DES

ARTISTES

DU

THÉATRE-FRANÇAIS

PRÉCÉDÉE D'UNE

NOTICE HISTORIQUE

SUR LA

COMÉDIE-FRANÇAISE

PAR

N. GALLOIS

PARIS

N. TRESSE, ÉDITEUR

ROYAL, GALERIE DE CHARTRES, 2 ET 3

1867

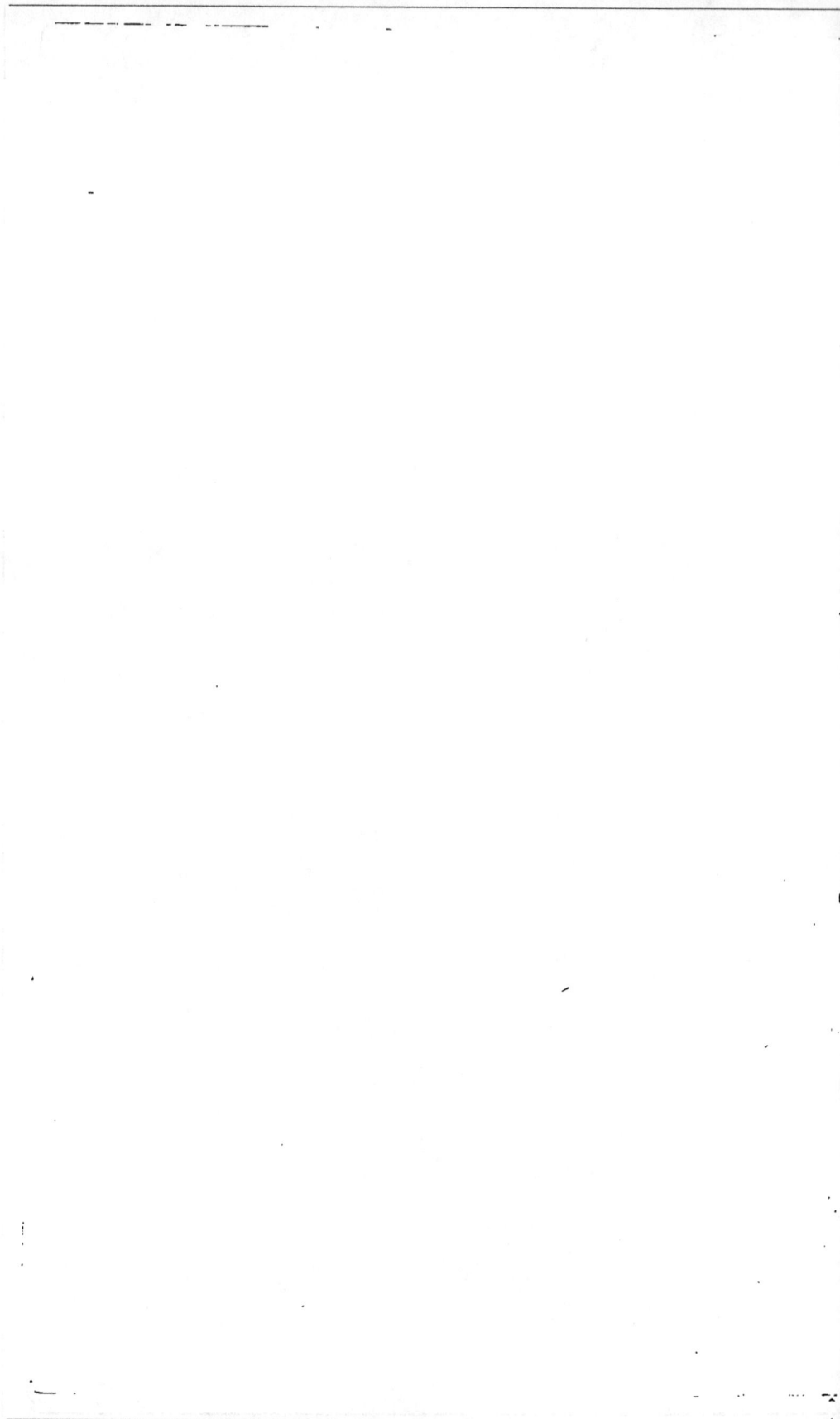

BIOGRAPHIE CONTEMPORAINE

DES

ARTISTES DE LA COMÉDIE-FRANÇAISE

Paris. — Typ. Walder, rue Ronaparte, 44.

BIOGRAPHIE CONTEMPORAINE

DES

ARTISTES

DU

THÉATRE-FRANÇAIS

PRÉCÉDÉE D'UNE

NOTICE HISTORIQUE

SUR LA

COMÉDIE-FRANÇAISE

PAR

N. GALLOIS

PARIS

N. TRESSE, ÉDITEUR

PALAIS-ROYAL, GALERIE DE CHARTRES, 2 ET 3

—

1867

COMÉDIE-FRANÇAISE

Pour retrouver l'origine de la comédie en France, il nous faut assister, avec le moyen âge, à la représentation des *Sotties* et *Moralités* des clercs de la Basoche, et à celle des *Mystères* qui les remplaça peu à peu.

Quelques chroniqueurs érudits nous ont laissé des renseignements sur ce dernier genre de pièces, qui duraient parfois plusieurs journées, et montraient plus de 350 personnages. Dans ces sortes de représentations religieuses, l'enfer occupait une bonne place ; la *Gueule d'enfer* excitait surtout l'admiration des assistants : cette machine représentait une énorme tête de dragon aux yeux flamboyants ; elle s'ouvrait pour recevoir les démons quand les saints personnages les mettaient en fuite ; il s'en échappait des flammes et de la fumée, et les contorsions, les cris des diables s'engloutissant dans cette fournaise, eussent suffi, à eux seuls, pour attirer la foule aux Mystères. Si l'un des assistants aux Mystères du xɪvᵉ siècle pouvait revenir parmi nous, reconnaîtrait-il dans la Comédie-Française la génération de la *Gueule d'enfer* ?

Et cependant, comme tout se tient et s'enchaîne dans la

nuit des temps, il est impossible de méconnaître que les Mystères ont engendré notre comédie nationale.

Jusqu'en 1398 les Mystères se jouaient en plein vent. Dans le cours de cette année des bourgeois choisirent le bourg de Saint-Maur pour les y représenter, pour la première fois, dans un lieu fermé : telle fut l'origine du premier théâtre en France. Ils prirent le titre de *Confrères de la Passion*, et bientôt après des lettres patentes du roi les autorisèrent à jouer dans Paris, où ils établirent leur salle, en 1400 ou 1402, à l'hôpital de la Trinité des Prémontrés, rue Saint-Denis. Ils quittèrent cette salle en 1539 et s'établirent jusqu'en 1543 à l'hôtel de Flandres. Ils firent alors l'acquisition d'une masure de 17 toises de longueur sur 16 de largeur, rue Mauconseil, pour y construire une salle, et se fixèrent ainsi à l'hôtel de Bourgogne, devenu plus tard la Halle aux cuirs.

La représentation des *Mystères* était suivie avec une avidité que le parlement chercha à réprimer ; un de ses arrêts, en date du 17 novembre 1548, vint enjoindre aux *Confrères de la Passion* de cesser leurs représentations religieuses, et de ne mettre en scène désormais que des sujets profanes et licites.

Ainsi, de gradation en gradation, la tragédie et la comédie venaient au monde par autorité de justice ! Sous Henri II, Jodelle produisait la tragédie de *Cléopâtre*. La grossièreté révoltante avec laquelle furent écrites les pièces d'alors, loin de diminuer le nombre des spectateurs, ne fit que l'accroître, à ce point qu'en 1584, une troupe nouvelle fit concurrence aux Confrères de la Passion et s'installa à l'hôtel de Cluny.

En 1588, les Confrères louèrent leur salle de l'hôtel de Bourgogne à des comédiens de profession. Ceux-ci régularisèrent les représentations, et jouèrent trois fois par semaine à partir de 1600. Hardy, Théophile, Racan, Mairet, Bacon, Gombard, Rotrou, Scudéry, Benserade, fournirent de comédies et de tragi-comédies les artistes de l'hôtel de Bourgogne. Hardy fit représenter 800 pièces en quinze années.

Enfin, Corneille vint, pourrions-nous dire, et avec lui la véritable tragédie, noble et digne, comme Molière devait quinze ans plus tard inaugurer la bonne comédie. Le *Cid* fut représenté en 1637. En 1653, Molière donna les *Étourdis* à Lyon, et l'enthousiasme que cette pièce produisit lorsque sa troupe la joua, en 1658, sur le théâtre du Petit-Bourbon, devant Louis XIV et toute sa cour, fut si grand que Molière obtint le privil'ge de s'établir à Paris, et que sa troupe reçut la qualification de *troupe de Monsieur*.

Il est peut-être intéressant de rapporter ce qu'était alors l'intérieur de la salle de la Comédie-Française. Celle de l'hôtel de Bourgogne formait un parallélogramme; les loges étaient sur le côté, et l'orchestre au fond; le souffleur était placé sur les côtés. On était debout au parterre, comme cela s'est vu longtemps dans quelques théâtres de province; il y avait des bancs au rez-de-chaussée, entre autres le banc des évêques et des ecclésiastiques, et celui des poëtes et des gens de lettres, appelé *le banc formidable*. C'était la véritable loge infernale de l'époque; seulement elle se composait de gens d'esprit. Les spectateurs étaient admis sur le théâtre; les grands seigneurs y arrivaient avec fracas et causaient avec les actrices pendant la représentation. — Cet abus s'est perpétué jusque dans le siècle dernier, où le comte de Lauraguais le fit cesser. — La salle était éclairée par de modestes chandelles dont le *moucheur* ravivait la clarté pendant les entr'actes. Quand le roi venait, l'éclairage ordinaire était remplacé, à ses frais, par des bougies. L'éclairage extérieur répondait à la mesquinerie de celui de l'intérieur. Il fallut une ordonnance de police pour forcer les comédiens à allumer des lanternes dans les couloirs et à la sortie, lorsque leurs représentations finissaient après la chute du jour; jusqu'alors, les spectateurs en avaient été réduits à s'en aller à tâtons.

Le parterre était, et il est resté longtemps, bruyant, turbulent, tapageur; les épées y furent si souvent croisées, qu'une ordonnance royale défendit plus tard, sous peine de mort, de dégaîner au théâtre. La même ordonnance défendit d'y porter des armes à feu. On voyait en effet, alors, les bons bourgeois de Paris arriver au spectacle armés jusqu'aux dents de pistolets, de poignards, et munis d'une lanterne, pour pouvoir rentrer chez eux sans encombre à six heures du soir; ces armes, quelquefois ils durent les montrer pour arrêter l'invasion des curieux qui n'avaient pas pu trouver place dans la salle, lorsque ceux-ci, mousquets et pistolets au poing, en faisaient le siége et en chassaient à main armée les premiers occupants.

Le prix des places n'était, au reste, pas très-élevé à l'hôtel de Bourgogne; [une ordonnance du prévôt de Paris, au commencement du XVIIe siècle, ordonnance qui établissait la censure théâtrale, le fixait à cinq sous pour le parterre, et à dix pour les loges ou galeries; ce prix ne pouvait être augmenté sans autorisation expresse du prévôt.

En 1665, Molière s'installa au Palais-Royal, dans la salle que le cardinal de Richelieu avait fait construire pour la représentation de ses œuvres dramatiques. C'était un parallélogramme de neuf toises de largeur; en face de la scène s'élevait une sorte de portique à trois arcades; la voûte de la salle, ornée de rosaces, était supportée par des colonnes corinthiennes très-élevées; de chaque côté de la scène étaient trois balcons superposés, dont les dorures étaient à cette époque un luxe inouï.

Le prix du parterre était alors de dix sous; il était doublé lorsque l'on jouait les *Précieuses ridicules*. Ce prix fut porté plus tard à quinze sous, tandis que celui des premières places s'élevait à trois livres dix sous. Les poëtes continuèrent d'aller au parterre.

A la mort de Molière, sa troupe, qui avait pris le titre, resté depuis, de *Comédiens ordinaires du roi*, se réunit à celle de l'hôtel de Bourgogne qu'elle avait éclipsée depuis longtemps, et s'installa au Jeu de Paume de la rue Mazarine, qu'elle inaugura le 9 juillet 1680, par le *Tartuffe*.

Les comédiens payaient alors au clergé certaines redevances, à peu près volontaires, qui peuvent être considérées comme l'origine du droit des pauvres sur les théâtres. Le curé de Saint-Eustache recevait annuellement trois cents francs des comédiens de l'hôtel de Bourgogne. Quand les comédiens durent quitter la rue Mazarine pour aller s'établir rue des Fossés-Saint-Germain-des-Prés (1), en face du café Procope, où l'on voit encore la façade de leur ancienne salle, — qu'on trouvait alors fort belle, — leurs voisins les Cordeliers leur adressèrent la missive que voici : « Messieurs, les Pères Cordeliers vous supplient très-humblement d'avoir la bonté de les mettre au nombre des pauvres religieux à qui vous faites la charité. Il n'y a point de communauté à Paris qui en ait plus besoin, eu égard à leur grand nombre et à la pauvreté de leur maison, qui le plus souvent manque de pain. L'honneur qu'ils ont d'être vos voisins leur fait espérer que vous leur accorderez l'effet de leurs prières, qu'ils redoubleront envers le Seigneur, pour la prospérité de votre chère compagnie. » Les comédiens ne se montrèrent pas fort généreux; ils répondirent à cet appel par un don de trois francs par mois. En 1699, les comédiens subirent le droit des pauvres; l'hôpital général prit le sixième de leur recette.

La Société de la Comédie-Française qui s'est perpétuée jusqu'à nos jours, date du 25 août 1680, époque où le roi ordonna la réunion définitive des deux troupes, avec le privilége exclusif de jouer des comédies et des tragédies dans la capitale; la prospérité de la Comédie-Française fut dès lors assurée.

Au reste, comment ne pas prospérer avec des auteurs comme

_____

(1) Aujourd'hui rue de l'Ancienne-Comédie. *Phèdre* et le *Médecin malgré lui* furent les pièces d'inauguration (18 avril 1689).

2.

ceux qui se succédèrent pendant plus d'un siècle, et qui enri-
chirent notre scène de tant de chefs-d'œuvre, tels que Racine,
Crébillon, Regnard, Dancourt, Lesage, Voltaire, Marivaux,
Gresset, Piron, Sedaine, Collin d'Harleville, Beaumarchais,
et tant d'autres dont l'ancien répertoire nous reproduit
souvent les ouvrages toujours jeunes ; avec des acteurs
comme Baron, Poisson, Lekain, Préville, Larive, Molé; avec
des actrices comme la Desœillet, la Champmeslé, Adrienne
Lecouvreur, la Desmares, Mlle Clairon (dont le sobriquet était
Frétillon et le vrai nom Claire-Josèphe-Hippolyte Legris de
Latude *Cléron*), Mmes Dumesnil, Raucourt, Contat?

Cette prospérité de la Comédie-Française est due encore à
d'autres causes : d'abord, la tragédie à grand spectacle fit dé-
barrasser la scène des grands seigneurs, des lions des siècles
de Louis XIV et de Louis XV qui venaient s'y pavaner; le parterre devint moins bruyant, et, devant un public plus attentif,
les acteurs se surveillèrent davantage. Pendant longtemps
les acteurs et les actrices, singulièrement travestis, n'avaient
jeté aux spectateurs qu'une déclamation froide et incolore, au
milieu d'une grotesque mascarade; les empereurs grecs ou romains portaient en effet, par un anachronisme aussi ridicule
qu'il fut difficile à extirper, le costume contemporain sous le
casque d'or des âges passés; des hauts-de-chausse enrubannés,
des pourpoints à la dernière mode leur tenaient lieu de tunique
romaine, et les héroïnes antiques se présentaient en robes à
paniers, poudrées et la tête surmontée d'énormes poufs, suivant le goût du jour. Avec la Champmeslé et la Clairon la déclamation se fit vive, passionnée; le geste l'accompagna noble-
ment, et les acteurs qui vinrent ensuite cessèrent de ne paraître
sur la scène, roides et guindés, que comme pour y réciter une
leçon apprise de mauvais gré. Lekain fut le premier tragique
qui exprima avec l'âme les élans de l'âme, comme l'avaient fait
la Clairon et la Champmeslé.

La Comédie-Française ne représentait pas seulement des

comédies et des tragédies : elle mêlait à une infinité de pièces des intermèdes, des ballets, des divertissements, pour lesquels des chanteurs et des danseurs étaient engagés; leur nombre était rigoureusement fixé par le privilége de l'Opéra. En 1745, la Comédie-Française dut payer à ce théâtre 300,000 livres pour avoir dépassé ce nombre.

Le prix des places de la Comédie-Française s'augmentait en raison de sa prospérité. En 1699, le parterre se payait 18 sous, les secondes 36 sous, et les premières loges 3 livres 12 sous; en 1782, les premières loges et balcons coûtaient 6 livres, les galeries tournantes 4 livres, et le parquet à la suite de l'orchestre 2 livres 8 sous.

La Comédie-Française forma, dès 1680, une véritable république se gouvernant à sa guise. A cette république, Louis XV donna, en 1757, une charte qui la soumettait aux volontés des gentilshommes de la chambre; cette charte réduisait d'un sixième à un neuvième l'impôt sur les pauvres.

En 1770, la salle de l'ancienne Comédie menaçant ruine, les comédiens français se réfugièrent dans celle des Tuileries, qu'on leur accorda; ils y restèrent douze ans, puis ils ouvrirent, le 6 avril 1782, la salle de l'Odéon. La belle salle de l'Odéon, qui contenait dix-neuf cent treize spectateurs, avait été construite sur les terrains de l'ancien hôtel de Condé. On citait alors comme quelque chose d'admirable le superbe éclairage aux quinquets de la Comédie-Française, succédant à la lueur fumeuse et nauséabonde des chandelles qui avaient éclairé le triomphe de tant de chefs-d'œuvre et de tant de grands artistes dramatiques.

C'est à l'Odéon que la révolution de 1789 trouva les *comédiens ordinaires du roi* ; les passions politiques de l'époque fermentèrent dans leur sein, comme au Forum ; des scissions éclatèrent entre eux, à propos surtout de *Charles IX* de Chénier, dont chaque représentation était une émeute, et la fraction démocratique, qui comptait dans ses rangs Talma,

Grandménil, Dugazon, Monvel, Fusil, émigra au Palais-Royal, dans la salle des Variétés de Dorfeuille et Gaillard, où elle prit le titre de Théâtre-Français de la rue Richelieu, et plus tard celui de Théâtre de la République. — La construction de cette salle avait coûté une somme considérable.

Quant à la fraction appartenant aux opinions royalistes, et qui comptait Fleury, Dazincourt, mesdames Louise et Emilie Contat, Raucourt, Lange, 1793 la trouva représentant les pièces de l'*Ami des lois*, de *Paméla*, qui n'étaient pas écrites dans les idées du jour ; aussi Robespierre appelait-il le Théâtre-Français « le repaire dégoûtant de l'aristocratie de tout genre, l'insulteur de la révolution. » Dans la nuit du 3 au 4 septembre 1793, un mois environ après la première représentation de *Paméla*, les comédiens de l'Odéon furent arrêtés comme suspects.

Après le 9 thermidor, les ex-comédiens ordinaires du roi se joignirent aux dissidents de la rue Richelieu, et ils rouvraient ensemble, le 11 germinal an VII, rue Richelieu, par *le Cid* et *l'Ecole des Maris*.

Le 22 germinal an XII, la Société régla par un acte authentique les droits de ses membres; au bas de cet acte se lisent, entre autres signatures, celles de Monvel, Dugazon, Fleury, Dazincourt, Saint-Prix, Saint-Phal, Talma, Grandmesnil, Baptiste, Lafont, et de mesdames Raucourt, Contat, Bourgoin, Georges Weimer, Duchesnois. Telles furent, sous l'empire, les célébrités artistiques de la Comédie-Française, où Chénier, Arnault, Lemercier, François de Neufchâteau, Renouard, Ducis, Legouvé, Dupaty, Picard, Lebrun, Etienne, Andrieux, et tant d'autres excellents auteurs dont les noms nous échappent, firent jouer d'excellents ouvrages, restés au répertoire.

Le décret de Moscou organisa la Comédie-Française sur les bases où elle est encore aujourd'hui; il plaçait les comédiens sous la direction et la surveillance du surintendant des théâtres impériaux, et réglait les droits des sociétaires. La Restauration,

en haine des souvenirs de Napoléon, abolit le décret de Moscou, et ne sut, cependant, qu'en reproduire les principales
dispositions dans les ordonnances royales de 1816 et 1822.
Les *comédiens ordinaires de l'empereur*, redevenus les *comédiens
ordinaires du roi*, furent placés, par ces ordonnances, sous
l'autorité spéciale du premier gentilhomme de la chambre, et
l'intendant général des Menus Plaisirs devait leur transmettre
ses ordres.

Sauf cette omnipotence d'un seul, à laquelle il les soumettait, le décret de Moscou leur reconnaissait le droit de se régir
et de se gouverner à leur guise, de se recruter eux-mêmes,
de recevoir les ouvrages dramatiques. Après 1830, l'administration supérieure de la Comédie-Française rentra dans les
attributions du ministère de l'intérieur, et le décret de Moscou
reprit force et vigueur.

La Restauration vit apparaître aux Français, aux environs
de 1830, les productions dramatiques de Casimir Delavigne,
d'Alexandre Duval, de Casimir Bonjour, d'Empis et Mazères,
de Jouy, de Soumet, que devaient bientôt suivre Victor Hugo
— dont le romantisme fut attaqué avec tant d'acharnement,
soutenu avec tant d'ardeur quand apparut *Hernani*, — Scribe,
Alexandre Dumas, Ancelot, Frédéric Soulié, Alfred de Vigny,
et tant d'autres notabilités. Les artistes le plus en renom
après Talma, furent Ligier, Joanny, Cartigny, Duparay,
les deux Baptiste, Firmin, Menjaud, Monrose père, Damas,
Michelot, Armand, Michot; mesdames Mars, Paradol, Levert,
Dupuis, Dupont, Mante, Desmousseaux, Duchesnois, etc.

1830 ne trouva pas la Comédie-Française dans une situation
prospère; les recettes descendaient à 100 fr., et, en 1833, la
Comédie-Française avait 300,000 fr. de dettes. Ce n'était du
reste pas la première fois qu'elle se trouvait dans cette situation. En 1757, il avait fallu lui allouer un secours de 276,000
livres pour rétablir ses finances; en l'an VIII, elle avait également absorbé une allocation de 300,000 fr. La subvention an-

nuelle de 200,000 fr. que lui votait le budget après 1830, ne ramenant pas chez elle la prospérité, les comédiens la cherchèrent dans l'administration d'un directeur, M. Jouslin de Lasalle, et de 1833 à 1837, la salle fut restaurée, les dettes furent payées, et les recettes atteignirent le chiffre de 1,800 à 2,000 fr. par jour. Il faut dire que bon nombre des grands succès littéraires de la Comédie-Française furent remportés alors, et que le public s'habitua à applaudir, à côté de Firmin, de Menjaud, de mademoiselle Mars, des artistes dont la réputation se faisait rapidement, Samson, Beauvallet, Régnier, Provost, Geffroy, mesdames Anaïs, Plessy, Doze, et bientôt mademoiselle Rachel.

De 1837 à 1841, la Comédie-Française eut M. Védel pour directeur : sa prospérité continua, et la moyenne des recette fut de 1,765 francs.

En 1841, M. Védel fut renversé, et les sociétaires s'administrèrent eux-mêmes, par des semainiers, sous la surveillance du commissaire du roi, M. Taylor, remplacé, en 1839, par M. Buloz. L'administration des sociétaires se trouvait, en 1847, endettée de 150,000 fr., et il fallut proposer aux chambres de porter de 200 à 240,000 francs la subvention de la Comédie-Française; en outre, on dut s'occuper de lui accorder, pour combler son déficit et renouveler son mobilier, un secours de 300,000 francs en cinq annuités de 60,000 francs chacune. M. Buloz fut alors nommé administrateur de la Comédie-Française par ordonnance royale; la salle fut restaurée avec luxe et élégance.

En 1848, après le 24 février, le Théâtre-Français prit le titre de *Théâtre de la République*, qu'il avait porté autrefois; les comédiens se réunirent, et, à l'unanimité moins une voix, ils se donnèrent de nouveau un directeur. M. Lockroy, ancien acteur qui avait bien tenu sa place à l'Odéon, à la Comédie-Française, auteur de pièces à succès, fut investi des fonctions directoriales jusqu'à la fin de l'année; M. Lockroy, à la suite d'une brouille entre deux actrices, qui entraîna la retraite de mademoiselle Rachel, fut amené à donner sa démission. M. Seveste le remplaça.

En avril 1849, M. Arsène Houssaye, ancien rédacteur en chef de l'*Artiste* et dont le nom est honorablement connu dans les lettres, fut nommé directeur provisoire du Théâtre de la République, qui reprit, au mois d'août suivant, son nom de Théâtre-Français; il fut nommé définitivement à la fin d'avril 1850. Il n'a point laissé péricliter la Comédie-Française, à laquelle, comme don de bienvenue, il ramena mademoiselle Rachel. MM. Emile Augier, Ponsard, Jules Sandeau, Léon Gozlan, Méry, Alfred de Musset, George Sand, madame Emile de Girardin, etc., se sont produits pendant ces dernières années sur la scène des Français.

Après M. Arsène Houssaye, commença, en février 1856, le règne directorial de M. Empis, de l'Académie française, le collaborateur bien connu de M. Mazères. M. Empis dirigea, pendant un peu plus de trois années, la scène de la rue Richelieu. *Le Duc Job* fut joué pendant sa direction. Il fut remplacé, en 1859, par M. Edouard Thierry qui, en vertu du traité de réorganisation du Théâtre-Français, le plaçant dans les attributions du ministère des Beaux-Arts, sous l'autorité supérieure d'un surintendant des théâtres, prit le titre d'administrateur général. Son administration a été heureuse, car nous lui avons dû, entre autres succès retentissants, les *Effrontés*, le *Fils de Giboyer*, le *Lion amoureux* et, enfin, *Galilée* de Ponsard.

Il ne nous reste maintenant que quelques mots à dire du foyer du public et du foyer des artistes.

Le foyer du public, récemment restauré, comme la salle, qui a depuis deux ans une élégante façade sur la place du Palais-Royal, contient les bustes des principaux auteurs qui ont contribué à la gloire de la Comédie-Française (1), le portrait de

(1) Ces bustes forment un véritable musée historique des auteurs dra-

quelques-uns de ses anciens acteurs, de quelques-unes de ses anciennes actrices. Il se compose d'un long couloir, comme celui de l'Opéra, et d'un splendide salon à divans.

Le foyer des artistes, sous l'Empire et pendant les premières années de la Restauration, était vaste et spacieux ; il donnait sur le Palais-Royal. La construction de la galerie d'Orléans le fit reléguer dans une salle bien moins grande, parallélogramme décoré de statues et de tableaux rappelant les grands souvenirs et les grands artistes de la Comédie-Française. Le foyer de la Comédie-Française est riche de magnifiques offrandes artistiques des acteurs et des hommes de lettres. Il était autrefois renommé pour le bon ton, la finesse, le mordant de sa conversation ; il n'a point déchu, et la parole n'y est pas aujourd'hui moins vive, moins enjouée, moins incisive qu'autrefois : on y joue aux dominos, aux échecs, au trictrac. M. Hippolyte Lucas a publié un livre intitulé *Le Foyer de la Comédie-Française* ; nous y renvoyons nos lecteurs, s'ils désirent des détails plus circonstanciés que ceux que nous pouvons leur donner ici ; nous les renvoyons également aux narrations de M. de Bouilly, sur ce foyer en 1795, dans ses Mémoires.

A ceux de nos lecteurs qui voudraient connaître dans tous ses détails l'histoire de la Comédie-Française et de ses acteurs, nous indiquerons : l'*Histoire du Théâtre-Français*, depuis 1380 jusqu'en 1711, par les frères Parfait ; l'*Abrégé de l'Histoire du Théâtre-Français*, par le chevalier de Mouhy (1780, 4 volumes);

matiques qui ont illustré la Comédie-Française par leurs ouvrages, — si nous en exceptons le musicien Lully. Voici les noms des auteurs qui ont leur place dans cette galerie : Rotrou, Pierre Corneille, Thomas Corneille, Racine, Regnard, Voltaire, Jean-Baptiste Rousseau, Crébillon, Destouches, Piron, De La Chaussée, Dufresny, Dancourt, Dubelloy, Gresset, Lesage, Beaumarchais, Marivaux, Diderot, Sédaine, Baron, Andrieux, Ducis, Alexandre Duval, Marie-Joseph Chénier, Casimir Delavigne, Etienne.

Soixante Ans du Théâtre-Français, par Alexandre Duval ; les *Mémoires inédits de la Comédie-Française*, par MM. Régnier et d'Egmont ; les quatre volumes publiés, en 1802, sous le titre de : *Histoire du Théâtre-Français*, depuis le commencement de la révolution jusqu'à la réunion générale, par MM. Étienne, depuis rédacteur en chef du *Constitutionnel*, et de Martinville, rédacteur en chef du *Drapeau blanc*, ces deux antipodes de la politique, au temps de la Restauration ; le livre de M. Laugier, de son vivant archiviste au théâtre français, intitulé : *De la Comédie-Française*, depuis 1830 (publié en 1844) ; les *Fastes de la Comédie-Française*, par Ricord, et enfin l'*Histoire philosophique et littéraire du Théâtre-Français*, par M. Hippolyte Lucas (1).

—

ADMINISTRATION DE LA COMÉDIE-FRANÇAISE.

L'administration de la Comédie-Française se compose aujourd'hui de MM. EDOUARD THIERRY, bien connu dans le monde des lettres, administrateur général ; VERTEUIL, homme fort serviable et des plus agréables relations, secrétaire général ; TOUSSAINT, l'honorabilité, la bienveillance en personne, caissier ; DETOURNELLE, contrôleur général ; LÉON GUILLARD, auteur dramatique et littérateur distingué, archiviste. M. DUBOIS-DAVESNE, ancien acteur du Gymnase, remplit rue Richelieu les fonctions de régisseur général.

(1) Tous ces ouvrages, ainsi que toutes les pièces que nous aurons à citer dans le cours de notre ouvrage, se trouvent chez notre éditeur N. Tresse, libraire au Palais-Royal, galerie de Chartres, n° 2.

Avant de parler des artistes qui composent à présent le personnel du Théâtre-Français, qu'on nous permette de nous occuper de ceux qui l'ont, dans ces derniers temps, le plus illustré.

Entre la Comédie-Française d'hier, et celle d'aujourd'hui, y a-t-il, en effet, un passé? Nous ne le pensons pas. On trouve encore tout palpitant, rue Richelieu, le souvenir des grandes figures artistiques qui ont illustré la scène dans ces dernières années. Notre œuvre serait donc incomplète, si nous ne leur consacrions pas ici une place dans ces biographies. Les uns comme Rachel, et naguère l'excellent Provost, nous ont été enlevés par la mort, les autres comme Samson et Beauvallet par une retraite regrettable. La trace de leurs pas n'est pas moins encore toute fraîche au Théâtre-Français, comme s'ils ne l'avaient pas quitté; nous devons donc les traiter comme s'ils étaient encore au nombre des enfants de la maison de Corneille et de Molière.

RACHEL FÉLIX (Mlle). — En compulsant la collection de la *Gazette des Théâtres*, nous y avons trouvé ce qui suit sur la présence de Rachel au théâtre du Panthéon, en 1831 : « A cette époque s'était présentée au jeune directeur, conduite par un homme assez mal vêtu, une jeune fille habillée plus pauvrement encore. Je les vois encore, lui avec sa veste de gros drap, son pantalon bleu déteint, ses souliers ferrés et son vieux chapeau noir; elle avec des bas d'un blanc douteux, une pauvre robe d'indienne sur laquelle on découvrait, en y regardant de bien près, des traces de fleurs effacées par l'usure, un petit châle de barége et un misérable chapeau de carton imitant la paille de riz... Elle venait demander à jouer la tragédie... On lui rit au nez, et par pitié on l'engagea à figurer, en lui promettant que, peut-être, on lui confierait plus tard des rôles de confidente auprès de Mlle Level.

« La pauvre enfant accepta, et ne joua pas même des bouts de rôle. Chaque jour elle était la première au théâtre; elle savait et déclamait toujours et partout les rôles de tout le monde; les acteurs et les comparses s'amusaient beaucoup de sa monomanie, et lui demandaient en ricanant :

« — Petite, quel genre veux-tu jouer?

« — La tragédie, répétait-elle d'une voix dure, en levant ses yeux pleins d'expression sur ses interrogateurs.

« — Quel emploi?

« — Les reines.

« Et chacun, pouffant de rire, lui tournait les talons : « La « drôle de petite fille, disait-on, elle est folle! »

« Puis, c'était son père qui venait s'asseoir au foyer des figurantes : ni lui ni sa fille n'étaient reçus au foyer des acteurs. « Approche, » disait-il à la jeune fille, et il la drapait avec amour dans les misérables aunes de calicot dont on enveloppait les figurantes; il arrangeait soigneusement des bandelettes rouges sur son front et puis : « Répète-moi, disait-il, le *Songe d'Athalie* , les *Imprécations de Camille* ou le rôle d'Hermione (suivant l'idée qui traversait la tête du bonhomme).

« La jeune fille déclamait; les figurants, simulant un sérieux bouffon, écoutaient en silence; le vieux fou posait comme la statue de l'attention; il rayonnait de joie et de fierté en entendant sa fille. Quand c'était fini, on applaudissait, mais d'un air moqueur; la séance était levée pour recommencer pendant l'entr'acte suivant.

« Or, un beau jour, le père disparut avec l'enfant, désespérée de n'avoir pu jouer avec Mlle Level même des bouts de rôle. On dit au théâtre que « le vieux fou avait mené sa

« fille cabotiner en province et jouer la tragédie dans des
« granges. »

« Quelques années après, la jeune fille était l'idole du public le plus éclairé de l'Europe, sur la première scène du
monde; seulement on ne l'appelait plus, comme au foyer du
Panthéon, la petite Élisa : on la nommait Rachel. »

Rachel naquit le 24 février 1820, à Munf, canton d'Argovie,
en Suisse; son père, colporteur, vint s'établir à Paris où sa
mère se fit marchande à la toilette. La petite Rachel entra à
dix ans à l'école de chant de Choron. De onze à quatorze elle
suivit les cours de l'école tragi-comique de MM. Samson et
Saint-Aulaire. Puis le Prado la vit s'essayer dans le rôle d'Éri-
phile d'*Iphigénie*. M. Eugène Guinot, parlant dans un feuilleton des merveilles de l'art et du luxe entassées à l'hôtel Trudon, dont Mlle Rachel inaugurait en 1850 la prise de possession,
rapportait que l'on voyait suspendue, au milieu de toutes ces
merveilles, « la pauvre guitare de la chanteuse des rues, poé-
tique et touchant souvenir du passé, et, sur un coussin de
velours, soutenu par deux figurines d'anges aux ailes d'or,
l'humble dessous de bouteille dont la chanteuse se servait
pour faire la quête après sa chanson. » Rachel a donc été
chanteuse des rues et ne rougissait point de se le rappeler.

A quatorze ans, Rachel, qu'on appelait alors Élise, comme
au théâtre du Panthéon, joua au théâtre Molière *don Sanche
d'Aragon*. M. Jouslin de La Salle qui l'y entendit fut si satis-
fait d'elle qu'il lui donna ses entrées pour les jours de tragédie
à la Comédie-Française dont il était alors le directeur. A seize
ans, le 27 octobre 1836, elle fut admise au Conservatoire.
Enfin, le 27 avril 1837, elle débuta au Gymnase-Dramatique
dans le rôle de Marie de la *Vendéenne*. Un petit nombre de
critiques lui présagèrent *in petto* un talent de premier ordre,
mais la généralité la traita très-froidement. Le *Corsaire* trouvait ses moyens portés à l'exagération. Nous voyons encore
sur les affiches du Gymnase du 18 juin 1837 Mlle Rachel Félix

annoncée comme jouant le soir dans le *Mariage de raison*. Puis, son nom disparut tout à fait.

Quelque temps après Saint-Aulaire la présentait à la Comédie-Française, et M. E. Guinot raconte en ces termes le refus formel par lequel elle fut d'abord accueillie : « Elle est trop petite, disaient les sociétaires. — Elle est trop maigre. — Sa voix est rauque. — Son débit est dur. — Elle n'a rien de sympathique. — Elle manque absolument de charme. »

« La jeune fille était bien attristée de ces compliments, bien abattue par la défaite de ses illusions et par la fuite de cet espoir auquel il fallait renoncer.

« Mais Mlle Mars survint ; Mlle Mars, qui joignait à un talent incomparable une bonté parfaite et une exquise sensibilité, fut touchée de la détresse de la jeune fille. Elle se déclara sa protectrice et plaida sa cause avec éloquence. Les sociétaires cédèrent. Mlle Rachel fut admise aux débuts et engagée pour un an avec 1,200 francs d'appointements. »

Ces débuts eurent lieu le 12 juin 1838, par le rôle de Camille d'*Horace*, qu'elle rejoua le 23, et le 16 juin par celui d'Émilie de *Cinna*. Rachel fut ensuite renvoyée des Français quand M. Jouslin de La Salle en quitta la direction ; mais M. Védel l'y fit rentrer peu de jours après. En juillet elle joua Hermione d'*Andromaque* ; au mois d'août, Eriphile d'*Iphigénie en Aulide*, Aménaïde de *Tancrède* ; en novembre, Monime de *Mithridate*, Roxane de *Bajazet*. La réputation de Rachel commença à se faire parmi les vieux habitués de la Comédie-Française et dans quelques journaux au mois de septembre ; dès octobre tout le monde voulait l'avoir devinée ; en novembre on ne parlait plus que d'elle, et au commencement de janvier 1839, c'était à qui citerait ses reparties, dont les unes étaient modestes comme son point de départ, les autres déjà fières comme la tragédie elle-même.

Après ses premiers succès, Rachel fut engagée moyennant 4,000 francs par an, puis on lui en donna 8,000, puis 20,000, puis on annonça qu'elle en demandait 60,000. Rachel obtint plus tard, en avril 1840, 27,000 francs d'appointements, 18,000 francs de feux, une représentation à bénéfice garantie 15,000 francs, et trois mois de congé, ce qui représentait en somme 60,000 francs.

Mais laissons de côté ces questions d'argent auxquelles Rachel n'était que trop sensible, et revenons à la scène. En 1839, Rachel joua Esther dans la tragédie de Racine, Laodice dans *Nicomède,* au bénéfice de Lafont, et, il faut le dire, elle se montra sans succès dans Dorine de *Tartuffe*; en 1840, Pauline de *Polyeucte,* Marie-Stuart dans la *Marie-Stuart* de Lebrun, *Athalie*; en 1842, Frédégonde de *Frédégonde et Brunehaut*; en 1843, *Phèdre* où elle obtint un triomphe complet, *Judith* de Mᵐᵉ de Girardin; en 1844, *don Sanche d'Aragon,* un de ses essais au théâtre Molière, Marinette du *Dépit amoureux, Bérénice, Catherine II*; en 1845, Electre d'*Oreste*, rôle qui fit dire à un mauvais plaisant : « Elle m'a électrisé,» Virginie de la *Virginie* de M. Latour de Saint-Ybars, *Jeanne d'Arc* de Soumet; en 1847, Agrippine de *Britannicus*, le *Vieux de la montagne,* Cléopâtre dans la *Cléopâtre* de Mᵐᵉ de Girardin ; en 1848, elle joua le rôle de Lucrèce avec sa supériorité accoutumée, dans la *Lucrèce* de Ponsard, importée de l'Odéon aux Français, et chanta la *Marseillaise* avec un prodigieux succès; en 1849, elle fut sublime dans *Adrienne Lecouvreur* ; elle y obtint la triple couronne de la comédie, du drame et de la tragédie ; dans le *Moineau de Lesbie,* elle déploya, dans le rôle de Lesbie, une douce sensibilité, une grâce mélancolique, une ironie fine, une passion contenue qui firent de ce rôle une de ses belles créations; au commencement de 1850, elle créa, avec une haute supériorité, le rôle de *Diane.* Mˡˡᵉ Rachel prit, après Mˡˡᵉ Mars, le rôle de *Mademoiselle de Belle-Isle* ; elle créa celui de Lydie dans *Horace et Lydie*; elle aborda un autre rôle de Mˡˡᵉ Mars, celui de la Thisbé dans *Angelo*; en 1851, elle joua *Valéria.*

En 1852, Mlle Rachel joua encore un rôle de Mlle Mars, *Louise de Lignerolles*; en 1853, enfin, elle créa avec éclat *Lady Tartuffe*. Sa dernière création fut le rôle de Catherine II dans la *Czarine*.

Nous avons énuméré en passant quelques tentatives dans la comédie, Dorine de *Tartuffe* en 1839, Marinette du *Dépit amoureux*, *Mademoiselle de Belle-Isle*, *Louise de Lignerolles*; on s'accorda à trouver ces audaces malheureuses.

Pendant ses congés, Rachel voyageait, parcourant la France avec une troupe de tragédiens à elle, véhiculée dans une vieille diligence qu'elle avait achetée; on faisait les répétitions, on étudiait chemin faisant; on réglait la mise en scène aux montées, où l'on mettait pied à terre. On n'avait plus qu'à jouer en arrivant, là où il y avait une salle de spectacle; là où il n'y en avait pas, on en improvisait une dans une grange; on tirait de la diligence un lustre, une rampe et un rideau dont on s'était prudemment muni. Le génie de la spéculation avait élu domicile dans cette diligence dramatique. Puis, ce fut l'Europe que Rachel visita avec sa troupe, et toutes les grandes capitales applaudirent tour à tour Rachel et lui payèrent leur tribut de couronnes, d'or, de bijoux et d'admiration.

A Saint-Pétersbourg, où elle alla jouer pendant un de ses congés, en 1853, les officiers russes lui formèrent une véritable garde du corps; « Plessy, disaient-ils, a pour admirateurs les lanciers, Volnys les artilleurs, Mila les dragons, Mayer les cosaques, et Rachel toutes les armes. » Un jour, au moment des premiers bruits de guerre avec la France, des officiers russes, le verre de champagne à la main, portaient un toast à la grande tragédienne. — « Nous irons vous demander de ce vin en France, dit l'un d'eux. — Nous n'en donnons point à nos prisonniers, » répondit Rachel, renouvelant avec beaucoup d'à-propos un mot d'autrefois.

Revenue en France en 1855, Rachel, après y avoir créé la

Czarine, est obligée de demander à un climat plus chaud la réparation des forces épuisées de son corps si débile, sous son enveloppe d'acier. Elle va chercher la santé en Egypte, et quand elle se sent de nouveau ranimée, l'esprit de spéculation se ranime aussi en elle; elle songe à faire une tournée en Amérique. Elle est obligée (1856) de s'arrêter à la Havane, où les journaux de l'époque nous la représentaient vivant de lait de chèvre et de noix de coco, comme Robinson dans son île. Avant le départ pour ce voyage aventureux, ses amis avaient essayé de l'en dissuader. « Que voulez-vous? avait-elle répondu, le sort en est jeté; mon pauvre frère est le juif errant, et je suis ses cinq sous. » Un peu rétablie, Rachel gagna les Etats-Unis; mais elle ne fit, sous l'influence d'une saison rigoureuse, qu'y aggraver son état. Quand elle revint en France, elle était perdue. Elle se rendit en Provence, où M. Sardou, — il ne s'agit pas ici de l'auteur dramatique, — mit à sa disposition sa villa du Cannet; là, entourée d'une partie de sa famille, de ses enfants qui ne la quittaient pas, elle s'éteignit peu à peu ; elle rendit le dernier soupir le 3 janvier 1858; son corps, transporté à Paris, fut inhumé au Père Lachaise (cimetière des israélites), au milieu d'une affluence immense.

L'art avait fait, en Rachel, la perte la plus grande qu'il pût faire. Tout le monde le comprenait, et cette belle statue qui, sous le péristyle de la Comédie-Française, nous représente la tragédie sous les traits de Rachel, est un juste tribut d'admiration payé à la grande tragédienne. Rachel n'était point jolie, mais qu'elle était belle, sous la draperie antique, dans ses emportements, dans ses jalousies, dans ses indignations! Qui donc a jamais mieux rendu qu'elle l'ironie brûlante et acérée, la haine, la colère, la vengeance implacable? Mais il ne fallait pas lui demander d'exprimer les passions douces, la sensibilité; alors, elle faussait la note. Quand on voyait apparaître sur la scène, sous les traits de Phèdre ou d'Andromaque, de Monime ou de Roxane, de Pauline ou d'Hermione, d'Iphigénie ou de Camille, cette figure pâle et maigre, aux grands yeux fiévreux, ardents; quand on voyait s'ouvrir cette bouche si mince, quand on voyait se détacher de ce corps si chétif, ce bras presque viril, on devinait que ces yeux allaient lancer des éclairs, cette voix des notes stridentes, métalliques, ce bras des gestes fascinateurs. Dès son premier pas sur la scène, Rachel imposait l'attention au spectateur; elle le clouait sur place. Elle donnait à la muse tragique ces chauds accents qui émeuvent, qui captivent, qui terrifient, car toutes les irritations du cœur s'y déchaînaient naturellement, toutes les tempêtes y éclataient d'une façon déchirante. Elle jouait avec toute son âme, tous ses nerfs, toute sa passion. L'attention se changeait bientôt en admiration, et, quand le rideau tombé, cette admiration éclatait en cris et en rappels, l'artiste, que la fièvre de l'art avait maintenue si fière et si forte sur la scène, tombait faible et inanimée dans les bras de ses suivantes, qui l'emportaient, enveloppée, à demi morte dans sa voiture. Rentrée chez elle, il lui fallait un bain, le repos et le sommeil jusqu'au lendemain matin.

Dans les premiers temps de ses triomphes, l'intérieur de Rachel, dans la maison paternelle, était des plus simples et des plus modestes. Dix ans plus tard, on célébrait les splendeurs de son mobilier, qu'elle vendait, en 1847, avant de partir pour la Hollande. En 1850, elle prenait possession d'un magnifique hôtel, rue Trudon, où les réunions intimes étaient charmantes. Je renverrai ceux qui voudraient entrer plus avant dans la vie privée de Rachel, connaître tous les côtés, toutes les bizarreries de cette grande figure, qui restera, elle aussi, légendaire à la Comédie-Française, aux passages que le docteur Véron lui a consacrés dans ses *Mémoires.*

SAMSON, ce spirituel et narquois personnage que vous avez vu sous tant de faces diverses, ce rieur sérieux, ce raisonneur comique, ce petit homme au regard si pénétrant, si incisif, ce comédien si consommé, arrivé aux limites de la perfection, Samson est né à Saint-Denis le 2 juillet 1793. Cherchons sa vocation dès son enfance, et nous le verrons, à douze ans, saute-ruisseau, petit clerc chez un avoué de Corbeil; puis enregistrant des extraits, des ambes, des ternes et des quaternes, en qualité de commis dans un bureau de loterie. Sa physionomie, sa prestance, son allure, semblaient le condamner à jamais à l'immobilité bureaucratique; mais sous le petit clerc et le petit commis se trouvait la vocation du grand artiste ; Samson voulut être comédien.

On le voit donc, à quinze ou seize ans, s'exercer sur ce petit théâtre Doyen d'où sont sortis tant d'excellents acteurs; puis, l'amateur du théâtre Doyen se présente au Conservatoire, y est admis, et, après avoir suivi les leçons de Lafont, en sort avec le premier prix de comédie.

Ce premier prix, Samson, c'est lui-même qui l'a raconté, le dut à l'abnégation dévouée de Perlet, qu'il avait vu admettre au Conservatoire et qui y était bien vite devenu son camarade de prédilection, son ami. Perlet se retira du concours pour laisser la palme à Samson, car au bout de cette palme se trouvait l'exemption du service militaire.

Le titre de premier prix du Conservatoire n'ouvrait pas alors à celui qui l'avait obtenu les portes de la Comédie-Française; Samson dut attendre, chercher, espérer, et cela souvent dans une détresse qui était aussi l'apanage de Perlet :

« Un jour, — c'est Samson qui parle en reportant ses souvenirs à 1814, — nous nous rencontrons dans une des sombres allées des Tuileries, vers quatre ou cinq heures, et voici notre entretien :

« — Que fais-tu là? — Je me promène. — As-tu diné?

— Non, et toi? — Ni moi non plus. — Eh bien! causons théâtre.»

Belle et philosophique résignation que celle qui fait oublier dans les rêves d'avenir les exigences de l'estomac et l'impossibilité financière d'y subvenir !

Enfin, la carrière s'ouvre devant Samson, mais modeste, ignorée : c'est dans les rangs d'une troupe nomade, desservant Dijon et Besançon, que l'ex-petit clerc fait ses premières armes; Rouen, dont le public se montre le plus difficile de France pour paraître le plus connaisseur, adopte ensuite Samson; Picard va l'y chercher pour le faire entrer au Second-Théâtre-Français, en 1818.

Au mois d'avril 1826, Samson quitta le Second-Théâtre-Français pour le premier, où il se fit remarquer par son jeu fin, spirituel, mordant, par cette ironie si pénétrante, ce regard si malin, cette voix si étrange dont il avait su se faire une qualité. Samson conquit bientôt le titre de sociétaire de la Comédie-Française. L'ancien répertoire et quelques rôles qu'il créa dans des pièces nouvelles le mirent tout à fait en relief.

Cependant, en 1831, Samson quitte la Comédie-Française, qui le laisse partir : il se réfugie au théâtre du Palais-Royal, y joue dans quelques petites pièces, aujourd'hui bien oubliées, et rentre à la Comédie-Française par autorité de justice. Ses camarades l'avaient revendiqué aux termes du décret de Moscou : la brebis égarée fut accueillie par eux de façon à ne plus avoir envie de les quitter.

A force de travail, Samson devint bien vite un artiste de premier ordre; il força sa nature, se fit des qualités de ses défauts, et arriva à être ce comédien fin, ce bonhomme malicieux que l'on applaudissait malgré soi. Le Conservatoire qui l'avait reçu élève, le vit professeur titulaire en 1836. Samson ouvrit en outre chez lui une école de déclamation où l'on n'était admis qu'à bon escient. Après mesdemoiselles Rachel, Plessy, Brohan, faut-il citer d'autres élèves sorties de cette école ?

Le comédien, que nous laissons maintenant de côté, est un homme de lettres, un auteur dramatique, un versificateur distingué, nous pourrions presque ajouter un bon avocat. Nous l'avons vu, en effet, dans les derniers temps de la Restauration, se présenter à la barre consulaire, et y soutenir une cause au nom des sociétaires de la Comédie-Française dans un discours en vers que l'on trouva fort bien tourné. *La Belle-Mère et le Gendre*, comédie en trois actes et en vers, qu'il fit jouer en 1826 à l'Odéon, est passée aux Français, et s'y est maintenue comme une autre de ses comédies : *la Famille Poisson*. Il donna également *la Dot de ma fille*. Samson a fait en outre *Un Veuvage*, comédie en trois actes et en vers, jouée aux Français en 1841, en collaboration avec M. J. de Wailly; *La Fête de Molière*, comédie en un acte, et un vaudeville qui avait pour titre : *Un Péché de jeunesse*.

Samson a publié, en 1839, une épître à Arnal, où se trouvent des vers tournés comme il sait les tourner, fort bien et avec beaucoup d'esprit, et en 1845, un *Discours* pour l'anniversaire de Molière, que l'on relit toujours avec plaisir. Il a publié un poëme didactique intitulé *L'Art théâtral*.

De Samson auteur nous arrivons à Samson orateur ; il a eu souvent la douloureuse tâche de prononcer des discours sur la tombe de ses camarades, sur celle de nos auteurs contemporains les plus regrettés; il en a prononcé à l'inauguration de la Fontaine-Molière ; il en prononcera d'autres encore, espérons-le.

Il a fait des cours au point de vue historique; il a fait des conférences et s'est partout et toujours montré un homme distingué. Samson a été décoré pour ses travaux littéraires, mais on sent que c'est surtout l'admirable comédien, qui a pris définitivement sa retraite le 31 mars 1863, qui a gagné cette décoration.

Quel artiste, dans une multitude de rôles si variés! quel

est le personnage d'un comique fin et spirituel qu'il n'ait pas
abordé dans l'ancien répertoire? Qui le remplacera dans les
cent créations diverses du nouveau, où, dans la mémoire de
tous, son nom restera à jamais uni à *Bertrand et Raton*, à
la *Camaraderie*, à *Don Juan d'Autriche*, à la *Popularité*, à la
Calomnie, à la *Famille Poisson*, à *Lady Tartuffe*, à *Mademoiselle de la Seiglière*, à tant d'autres œuvres si admirablement
interprétées par lui, et dont les *Effrontés* et le *Fils de Giboyer*
sont venus clore la liste?

BEAUVALLET (PIERRE) est né à Pithiviers en 1802. Arrivé à
l'âge où les vocations se dessinent, il prit la brosse du rapin,
et le voilà, hantant l'atelier, posant son chevalet dans les
sites pittoresques des environs de Paris. Un jour, il chantait
sur l'herbe, quand des amis assis à ses côtés lui dirent
qu'avec un organe aussi retentissant que le sien, ce n'était
point à la peinture, c'était au théâtre que l'on devait se
destiner. Et Beauvallet va dès le lendemain, c'était en 1821,
frapper à la porte du Conservatoire, où il n'est pas admis
sans difficulté. Il joua *extra-muros*, et devint le Talma de
Montmartre, le Joanny de Mont-Parnasse.

En 1825, l'élève, le futur professeur du Conservatoire, après
avoir traversé les théâtres de la banlieue, débutait avec
succès au Second-Théâtre-Français par le rôle de *Tancrède*.
Il s'y posait tout d'abord au premier rang.

L'Odéon ferme en 1828, et l'Ambigu produit Beauvallet au
public des boulevards qu'enthousiasment son jeu énergique,
sa grande voix, dans dix mélodrames différents, *Charles le
Téméraire*, le *Forçat libéré*, le *Fou*, les *Serfs polonais*, etc.

Nous avons lu quelque part que, dans un mélodrame où
figurait un chien, il commit un jour la saillie que voici : Le
chien était un boule-dogue ; mais à la troisième ou quatrième
représentation, un chien d'une autre espèce le remplaçait.
Le parterre réclama bruyamment le boule-dogue : « Mes-

sieurs, dit Beauvallet en interrompant son rôle et s'avançant vers la rampe, notre camarade le boule-dogue a été atteint d'une indisposition subite; » et montrant le nouveau venu il ajouta : « Monsieur a bien voulu le remplacer; nous réclamons pour lui votre indulgence. » Et, au milieu des rires de toute la salle, Beauvallet continua froidement le cours de ses noirceurs de chaque soir. Beauvallet fit jouer vers cette époque à l'Ambigu un drame intitulé *Caïn*.

Il y avait plus chez Beauvallet que les robustes et métalliques poumons d'une basse-taille mélodramatique; il y avait l'étoffe d'un véritable tragédien. Beauvallet avait le sentiment de sa valeur; il se présenta en 1830 à la Comédie-Française, où il débuta par le rôle d'Hamlet dans *Hamlet*, et celle-ci l'accueillit pour se l'attacher à jamais; dès 1831, il recevait le titre de sociétaire, après avoir créé le rôle de Jacques-Clément dans *le Bachelier et le Théologien*.

Polyeucte, le *Cid*, Auguste de *Cinna*, le vieil Horace, *Bajazet*, *Pyrrhus*, *Bérénice*, Aman d'*Esther*, Joad d'*Athalie*, *Œdipe*, *Manlius*, *Britannicus*, *Oreste*, *Mahomet*, *Mithridate*, Achille d'*Iphigénie en Aulide*, Antiochus de *Rodogune*, et plus tard *Louis XI*, créé par Ligier, furent tour à tour, pour lui, l'occasion de succès continuels dans la tragédie, où il savait être magnifique même à côté de Rachel.

Dans le nouveau répertoire, ses créations ont été innombrables; deux fois il a représenté Marat, en 1831, dans la *Charlotte Corday* de Régnier Destourbet, et dans le *Camille Desmoulins* de Blanchard.

Parmi les œuvres modernes, *Marino Faliero*, *Angelo*, les *Burgraves*, *Charles VII*, *Louis XI*, les *Enfants d'Edouard*, *Marion Delorme*, *Une Famille au temps de Luther*, *Lucrèce*, le *Chef-d'œuvre inconnu*, la *Mère et la Fille*, *Latréaumont*, et bien d'autres ont également fondé la réputation de Beauvallet.

Beauvallet, nous l'avons dit, avait fait représenter à l'Ambigu-Comique *Caïn*, mélodrame ; il fit jouer à la Comédie-Française, en 1831, un drame en cinq actes et en vers, *la Prédiction*; en 1847, une tragédie de *Robert Bruce*, et en 1851, un drame en trois actes et en vers, *le Dernier des Abencerrages*. La *Prédiction* réussit à peu près; la tragédie n'eut pas longue vie; le drame fut trouvé un peu froid, et obtint un succès d'estime; mais l'acteur-auteur y reçut du public intelligent et difficile de la Comédie-Française un accueil des plus flatteurs.

Beauvallet, dans sa petite taille, est un véritable potentat tragique, au bras musculeux, à la large poitrine, au creux retentissant. Excellent dans le drame, admiré dans la tragédie, il est bien moins à l'aise dans la comédie.

Beauvallet est depuis 1839 professeur de déclamation au Conservatoire; d'excellents élèves sont sortis de sa classe. Quant aux habitudes privées de Beauvallet, nous savons que, par suite de ses goûts artistiques, il est grand amateur de vieux meubles, de vieilles armes, de tout ce qui tient à l'archéologie, et qu'il s'occupe d'histoire.

PROVOST a abordé de front sa vocation. En 1816, au sortir du lycée, il est venu, sur les conseils d'un excellent guide, Larive, frapper aux portes du Conservatoire; il aspirait aux rôles de jeune premier; il fut repoussé. Quelques mois plus tard il revint à la charge, avec des prétentions plus modestes, et cette fois il fut enfin admis et étudia les raisonneurs, les troisièmes rôles. L'élève, d'abord refusé, sortit du Conservatoire avec un deuxième prix de tragédie, et ses professeurs surent si bien apprécier ses heureuses dispositions qu'il fut nommé répétiteur dans cet établissement.

En 1819, Provost débuta bien modestement, bien obscurément à l'Odéon dans les amoureux de comédie et de tragédie. En 1821, il fut admis au titre de sociétaire de l'Odéon, et des amoureux il passa aux raisonneurs; des raisonneurs il passa ensuite aux comiques. Entre autres pièces le *Paria*, les *Deux Anglais*, le *Voyage à Dieppe* le firent applaudir à l'Odéon, où il lui arrivait cependant de temps en temps d'être sifflé.

Après la clôture de l'Odéon, en 1828, la Porte-Saint-Martin accueillit avec empressement Provost qui devint un des soutiens du drame et du mélodrame, tout en conservant aux boulevards des traditions de bonne comédie; *l'Incendiaire ou la Cure et l'Archevêché* (drame où il jouait avec honneur le rôle de l'archevêque), les *Deux Ménages*, *Marion Delorme*, *Lucrèce Borgia*, la *Chambre ardente*, *Marie Tudor*, *Tartuffe*, où il joua Orgon, *Pinto*, où il reprit le principal rôle créé par Bocage, furent pour lui d'assez beaux succès pour qu'il pût se présenter à la rue Richelieu.

Admis à débuter aux Français en 1835, il s'y produisit sans éclat, mais avec succès, et y montra un zèle, une ardeur de travail qui développèrent insensiblement un talent longtemps méconnu, dans une infinité d'ouvrages anciens ou nouveaux. Les efforts de Provost, sa réputation qui grandissait chaque jour, lui valurent l'honneur d'être nommé sociétaire de la Comédie-Française en 1839, l'année même où il devenait enfin professeur en titre au Conservatoire. Provost ne conquit pas de plain-pied le premier rang dans la comédie, il y arriva pas à pas, à force de travail et de progrès. Il semblait que la finesse, la bonhomie de l'ancienne comédie s'étaient incarnées en lui; son nom est attaché à jamais à toutes nos grandes œuvres, comme à tout l'ancien répertoire. On l'a vu, se rappelant les traditions de son passé, paraître aussi dans la tragédie, et le rôle de l'empereur Claude, dans *Valéria*, ne lui fit pas moins d'honneur que tant de rôles, tant de créations comiques de l'ancien et du nouveau répertoire auxquelles il a à jamais attaché son nom.

Provost apportait dans toutes ses créations une distinction véritable; son jeu était ferme, magistral; il connaissait les bonnes traditions et savait répudier les mauvaises.

Comédien intelligent, soigneux de tous les détails, Provost avait le visage un peu mobile, une diction un peu uniforme, mais sous combien d'esprit et de finesse il savait dissimuler ces petites imperfections ! Comique original et spirituel, il donnait à la raison et au bon sens une bonhomie pleine de finesse qui avait un charme tout particulier.

Quelle série de créations triomphales par l'excellent Provost, depuis *Angelo, Marion Delorme,* lors de ses premiers pas, jusqu'au *Duc Job* et au *Fils de Giboyer* où il avait si admirablement composé le rôle de M. Maréchal ! Et dans l'ancien répertoire comme tous les rôles marqués au coin du naturel, de la bonhomie spirituelle, semblaient faits pour lui ; comme l'emploi de tuteur, de père, lui allait bien ! Il faudrait plusieurs pages de ce petit livre pour mentionner ici les divers personnages dans lesquels Provost s'était en quelque sorte incarné.

Provost était à l'apogée de son talent ; il ne pouvait plus se surpasser lui-même, lorsqu'il fut arraché à la scène, où il représentait si bien M. Poirier, du *Gendre de M. Poirier,* par la maladie qui le conduisit en quelques jours au tombeau : il est mort le 24 décembre 1866, aimé, estimé, regretté de tous ceux qui l'ont connu dans son intimité, non moins regretté de tous ceux qui ne connaissaient de lui que l'acteur.

SOCIÉTAIRES [1]

DE

LA COMÉDIE-FRANÇAISE

MM. :

GEFFROY. — Il y a une quarantaine d'années, les paysans qui allaient au marché de Senlis ou qui en revenaient, s'arrêtaient souvent avec une curiosité mêlée d'effroi devant une fenêtre de la rue de Beauvais; de cette fenêtre s'échappaient des éclats de voix qui les faisaient tressaillir; aux yeux des plus modérés, cette voix retentissante appartenait à un fou, quelques-uns même n'auraient point trop contesté que ce fût celle du diable. Le jeune homme qui déclamait de façon à produire tant d'effet sur les simples et naïfs campagnards était un clerc d'avoué en qui le goût du théâtre l'emportait sur celui du grossoyement, et qui finit par jeter, comme tant d'autres, le papier timbré aux orties, pour se hasarder sur les planches de la comédie.

(1) Pour les artistes de la Comédie-Française, nous avons cru devoir adopter ici, dans notre classification, l'ordre d'ancienneté comme sociétaires, ou comme pensionnaires.

Elève du collége d'Angers, Geffroy, si nous nous en rappor-
tons à plusieurs biographies, s'y était également distingué
par une déclamation tragique que ses camarades avaient en
vain cherché à tourner en dérision en le surnommant *Bobé-
che.* Devenu homme, le jeune clerc de Senlis épousa Mlle Eulalie
Dupuis, fille de Mme Rose Dupuis, l'excellente actrice de la Comédie Française, où il arriva en 1829, sans avoir passé par
le Conservatoire. Il ne tarda pas à s'y faire remarquer, et, à
propos du rôle de Gourville qu'il créa dans la *Famille de Lu-
signy* en 1831 : le *Cabinet de lecture* disait de lui : « Il a joué,
en parfait comédien, ce caractère plein de droiture et de
finesse, de haute raison et de moquerie mordante. » *Bertrand
et Raton*, le personnage de Walpoole dans l'*Ambitieux* mirent
encore en relief le talent de Geffroy, mais sa réputation ne
s'établit réellement qu'en 1835; le rôle de *Chatterton* fut
alors pour lui, et devint de nouveau pour cet artiste, lors de
la reprise de ce drame, en 1857, un éclatant triomphe. Il s'y
posa hors ligne, comme dans *Don Juan d'Autriche*, dans la
Calomnie, et depuis il est resté hors ligne dans toutes ses créations.

Geffroy semble posséder l'art de se changer lui-même; celui
qui l'a vu représenter Philippe II aura reconnu ce roi tel que
nous le représentent ses portraits; dans le Louis XIII de *Marion
Delorme*, Geffroy n'est plus Geffroy, il est la physionomie vi-
vante du roi triste et ennuyé; dans César du *Testament de
César*, sa transformation n'est pas moins remarquable; dans
les *Contes de la reine de Navarre*, c'est François Ier qui se
montre, et non pas l'acteur; dans *Diane*, on croirait voir le
terrible cardinal Richelieu en chair et en os; dans *Charlotte
Corday*, il semble qu'il porte la tête de Marat sur ses épaules;
enfin, dans la *Comédie à Ferney*, ce n'est pas lui, c'est Voltaire
en personne qu'on croit contempler. Pour identifier à ce point
sa figure, son geste, sa parole avec les personnages historiques
qu'on représente, pour faire ainsi d'un rôle un véritable por-

trait, il faut ne reculer devant aucun travail, devant aucun obstacle. C'est ce que Geffroy a fait, dans cette vie toute une du théâtre qui ne s'est composée pour lui que d'études et de succès non interrompus. Geffroy en est ainsi arrivé à ce point que nul autre ne saurait être placé au-dessus de lui.

Geffroy s'est montré avec un égal succès dans la tragédie et dans la haute comédie; il a pris en 1840 le rôle de Tartuffe, et ne l'a plus quitté depuis; le rôle d'Alceste dans le *Misanthrope* est également un des plus remarquables de son répertoire.

Un visage froid, sévère, une intelligence vive et pénétrante, un grand bon goût artistique, de la rondeur, de la vigueur, un ton excellent, un geste sage et bien calculé, un débit bien posé, telles sont les qualités dramatiques de Geffroy, artiste chaleureux, observateur rigide des costumes, des bonnes traditions.

Geffroy est en même temps un excellent peintre; il excelle devant le chevalet comme devant la rampe: ses compositions, parmi lesquelles nous nous rappelons *Ariane et Thésée*, ont été très-favorablement appréciées au Salon, et l'une d'elles, le tableau représentant le *Foyer des artistes de la Comédie-Française*, placée aujourd'hui dans ce foyer même, lui a valu en 1841 l'honorable distinction de la médaille d'or. Après une longue et honorable carrière au théâtre de la rue Richelieu où il devint sociétaire en 1835, Geffroy a quitté le nid dramatique qui a vu pousser ses ailes; mais ce n'a pas été pour voler ailleurs. Il a recherché, au milieu de ses succès, le repos de la retraite, comme si ce repos était encore possible à sa vigueur. Non, cela n'était point possible; aussi est-il revenu encore se faire applaudir dans *Galilée*, de Ponsard. *Galilée* restera comme une des plus magistrales créations de Geffroy; il s'est en quelque sorte approprié, tout entier, le savant persécuté, il l'a exhumé, il l'a fait revivre devant nous, dans ces beaux vers de Ponsard, qui ne pouvaient trouver un plus digne ni un plus éloquent interprète.

Voici l'énumération de quelques-uns de ses principaux rôles, à la Comédie-Française :

ANCIEN RÉPERTOIRE.—*Cinna*, le *Philinte de Molière*, l'*Amant bourru*, Alceste dans le *Misanthrope*, les *Horaces* (Horace), *Hamlet*, *Tibère* (Cnéius), *Virginie* de la Harpe (Appius), la *Critique de l'Ecole des femmes*, le *Mariage de Figaro* (Almaviva), *Tartuffe* (Tartuffe), Pyrrhus dans *Andromaque*, Orosmane de *Zaïre*, la *Mère coupable*, le Marquis du *Legs*, Vandeck père du *Philosophe sans le savoir*, Clitandre des *Femmes savantes*, *Don Juan*, etc.

RÉPERTOIRE MODERNE.—*Louis XI* (Coitier), *Bertrand et Raton*, Walpoole dans l'*Ambitieux*, *Chatterton*, *Angelo* (Rodolphe), *Don Juan d'Autriche* (Philippe II), *Charles VII*, *Marion Delorme* (Louis XIII), *Louise de Lignerolles* (de Givry), la *Popularité*, *Dominique* ou le *Possédé* (Laubardemont), *Maria Padilla*, la *Calomnie*, le *Gladiateur* (Flavius), *Vallia* (Majorin), *Virginie* de M. Latour de Saint-Ybars, (Appius Claudius), *Diane* (Richelieu), Othon dans les *Burgraves*, le duc d'Albe dans le *Bourgeois de Gand*, l'*Ecole des Vieillards* (Danville), Corneille dans *Corneille et Rotrou*, le régent dans la *Fille du Régent*, les *Aristocraties* (Valentin), *Blaise Pascal* (Pascal), *Une chaine* (Saint-Gérand), les *Trois quartiers* (Montigny), le *Testament de César* (un de ses succès), *Charlotte Corday* (Marat), les *Contes de la reine de Navarre* (François Ier), *Valéria*, Voltaire de la *Comédie à Ferney*, *Fiammina*, le *Pamphlet*, l'*Arioste*, *Œdipe-roi*, *Galilée*, etc.

RÉGNIER DE LA BRIÈRE (FRANÇOIS-JOSEPH), fils de madame Tousez-Régnier, ancienne sociétaire des Français, est né à Paris le 1er avril 1807.

Il fut élevé chez les Oratoriens de Juilly, étudia successivement la peinture chez M. Hersent, l'architecture chez M. Peyre et chez M. Debret. Après un examen malheureux à l'école des

Beaux-Arts, il demanda au théâtre la renommée que la peinture et l'architecture semblaient lui marchander. Hélas! la seule porte qui s'ouvrit pour lui fut celle, bien modeste, du théâtre Montmartre. Un jour Régnier fut appelé à jouer à Versailles, à un bénéfice, le rôle de Pasquin du *Jeu de l'Amour et du Hasard*; il s'en acquitta si brillamment qu'il fut immédiatement engagé pour Metz, où il passa l'année 1827. De 1828 à 1831, Régnier fit partie du théâtre de Nantes, d'où, sur la recommandation de Gontier qui y était allé en représentation, M. Dormeuil l'engagea pour trois ans. Le Palais-Royal, qui ouvrait alors, ne donna l'occasion à Régnier de se produire que dans une seule pièce à sa taille, l'*Audience du prince*.

Au bout de quelques mois, Régnier résilie amiablement avec M. Dormeuil, et se présente à la Comédie-Française; le 6 novembre 1831 il y débute sans réclame et sans bruit par le rôle de Figaro, du *Mariage de Figaro*. Il aborda ensuite les rôles de Figaro du *Barbier de Séville*, de Sganarelle du *Festin de Pierre*, de Rifflard de la *Petite ville*, sans qu'on parût l'apprécier beaucoup. Mais en 1833, il crée le garçon de boutique de *Bertrand et Raton*, et, par une seule exclamation, par la façon dont il crie *Vive Jean!* il se révèle avec un rare bonheur comme une des plus belles espérances de la Comédie-Française. Deux ans plus tard, en 1835, Régnier recevait ses lettres de noblesse dramatique : il était nommé sociétaire.

Nous ne suivrons pas maintenant Régnier pas à pas dans cette carrière que son intelligence, son travail assidu lui ont faite si brillante. Qui ne sait que, sous l'influence du feu sacré qui l'anime, il est arrivé à la perfection la plus complète dans la *Camaraderie*, dans *Une Chaîne*, dans les *Demoiselles de Saint Cyr*, dans *Gabrielle*, dans *Bataille de Dames*, dans le *Mari à la campagne* (Oscar), dans l'*Aventurière*, dans *Romulus*, dans *la Joie fait peur?* Nous mentionnerons notamment la Roseraie du *Péril en la demeure*, Dumont du *Supplice d'une femme*, une de ses excellentes créations, *Mademoiselle de la Sei-*

glière où il a repris, après Samson, le rôle du marquis. Quant à l'ancien répertoire, nous serions obligé de le faire défiler ici tout entier, avec Régnier, sous les yeux de nos lecteurs. Les états de service que nous publions au bas de cette notice en diront plus que nous.

Régnier est de toute la Comédie-Française l'artiste qui tire avec le plus de détente, de ressort et de justesse l'épigramme, le sarcasme, la boutade, la saillie, ces coups de pistolets du vers, pour employer les expressions d'un feuilletoniste. Il lance le mot avec une verve incisive, avec une voix gaiement stridente qu'on ne saurait imiter; il compose d'une façon inimitable les physionomies narquoises, moitié moqueuses, moitié bonaces, et on peut dire qu'il y excelle, comme en tout.

« En fait de théâtre, dit M. Alexandre Dumas à propos de *Romulus*, Régnier donne les meilleurs conseils que je sache. » Il n'a pas toujours lancé son nom au public en qualité d'auteur. Il l'aurait pu cependant, dit-on, et plus d'une fois sans doute, surtout pour *Mademoiselle de la Seiglière*, pour *Romulus*, dont il est un des pères, et pour *Joconde*, qu'il a écrit en collaboration, avec M. Paul Foucher, et avoué cette fois.

Régnier écrit en dehors du théâtre, et il sait écrire ; il a publié (avec M. H. Egmont) un ouvrage plein de détails intéressants, les *Mémoires inédits de la Comédie-Française*. Il a publié aussi l'*Histoire du Théâtre Français*, dans *Patria*.

Tout feu, tout initiative pour ce qui se rattache à l'art dramatique, Régnier fut, sous le dernier règne, l'un des plus ardents promoteurs de la pensée d'un monument à Molière, que le *Constitutionnel* avait en vain émise sous la Restauration. C'est à lui que l'on doit le monument actuel, car sa persévérance fut couronnée de succès ; il a choisi l'emplacement où il est élevé, choix qui lui a attiré autrefois de nombreux quolibets de la part des petits journaux et même de quelques grands. **Régnier a fait mieux que de provoquer l'érection d'une statue**

monumentale à Molière ; il a su comprendre et faire comprendre, à la scène, le génie de cette grande illustration nationale, et, en cela, il n'a pas les rieurs contre lui.

Il est un des professeurs de déclamation les plus estimés du
Conservatoire, un de ceux qui ont le plus à cœur de faire
arriver leurs élèves méritants.

Hors du théâtre, on trouvera dans Régnier un excellent père
de famille, un bon camarade, un homme d'esprit.

ANCIEN RÉPERTOIRE. — La *Femme juge et partie*, les *Rivaux
d'eux-mêmes* (Dupont), le *Joueur* (le marquis), *Sganarelle* (Gros-
René), les *Plaideurs* (Petit-Jean, l'intimé), la *Métromanie* (Mon-
dor), les *Fausses confidences*, *Amphitryon* (Mercure et Sosie),
les *Femmes savantes* (Vadius, Trissotin), le *Vieux célibataire*,
les *Etourdis* (Deschamps), les *Précieuses ridicules* (Mascarille),
Maître Jacques et Laflèche dans l'*Avare*, Figaro du *Mariage de
Figaro*, Comtois des *Deux gendres*, Scapin des *Fourberies*,
Crispin des *Folies amoureuses*, le *Tyran domestique*, les *Deux
ménages*, etc., etc.

RÉPERTOIRE MODERNE. — *Hernani* (Don Ricardos), *Louis XI*
(Olivier-le-Daim), *Marion Delorme* (le Gracieux), les *Comédiens*
(Pembrocke), *Faute de s'entendre* (Blum), *Bertrand et Raton*, la
Camaraderie (où il a créé le rôle d'Oscar Rigaud), *Oscar*, *Une
Chaîne* (Balendar, un de ses beaux rôles), la *Calomnie*, *Un mariage sous Louis XV*, Duboulloy dans les *Demoiselles de Saint-
Cyr*, (un de ses meilleurs rôles), le *Mari à la campagne* (Co-
lombat), *Moi*, Dupré du *Voyage à Dieppe* si heureusement
importé aux Français, la *Femme de quarante ans* (Vieuxbois),
la *Famille Poisson* (où il fait du rôle d'Arnould la plus délicieuse drôlerie qu'on puisse voir), Dubois dans *Une fille du
régent*, les *Aristocraties* (Duprey), l'*Aventurière* (où il rend si
parfaitement une scène d'ivresse), la *Vieillesse de Richelieu*,
Adrienne Lecouvreur (Michonnet), Julien dans *Gabrielle* (où il
est sublime de pathétique), Démocrite de *Démocrite et Héra-*

clite, les *Contes de la reine de Navarre*, Parnajon dans *Diane*, le Maître des requêtes Grignon dans *Bataille de Dames*, l'avoué Chevard dans le *Cœur et la Dot*, Destournelles, et maintenant le marquis, de *Mademoiselle de la Seiglière*, le baron de *Lady Tartuffe*, le docteur Wolff dans *Romulus*, Noël dans *la Joie fait peur*, Dumont dans le *Supplice d'une femme*, etc.

LEROUX (PAUL). M. Leroux est le fils d'un aubergiste de Vitry-le-François ; élève de M. Michelot, au Conservatoire, il y obtint, en 1840, le premier prix de comédie et celui de tragédie. M. Leroux n'endossa ni la tunique romaine ni la chlamyde ; il s'essaya d'abord à la banlieue, puis il débuta modestement aux Français, en juin 1841, dans les amoureux, par le rôle de Dorante du *Menteur* ; il fut engagé pour trois ans, après ses débuts. Une diction correcte, de bonnes manières, un physique de beau garçon qui ne gâtait rien, du soin, du zèle dans ses rôles, de la distinction, de l'élégance, de l'aisance, de la facilité, de la sensibilité, quelquefois même de l'émotion, firent assez apprécier cet artiste pour que ses camarades lui décernassent, en octobre 1845, le titre de sociétaire. Lui aussi il a abordé, et sans mécompte, ce rôle de *Tartuffe*, si diversement compris par les comédiens, et qui est en quelque sorte la pierre de touche du véritable artiste.

Voici l'indication de quelques-uns des rôles les plus importants joués par lui :

ANCIEN RÉPERTOIRE. — Le *Legs* (le marquis), le *Jeu de l'Amour et du Hasard* (Dorante), Almaviva du *Barbier de Séville* et du *Mariage de Figaro*, Alonzo de *Don Juan*, Horace de l'*Ecole des femmes*, les *Folies amoureuses*, le *Menteur* (Alcippe), l'*Epreuve*, les *Deux ménages* (Dorsay), le *Joueur* de Regnard, etc.

RÉPERTOIRE MODERNE. — Saint-Albe de la *Suite d'un bal masqué*, Charles d'Arbel dans *Marie* ou les *Trois époques*, le *Portrait vivant*, César du *Mari à la campagne*, Henri de *Valé-*

rie, *Faute de s'entendre*, Saint-Hérem des *Demoiselles de Saint-Cyr*, le *Mari à bonnes fortunes*, les *Aristocraties*, la *Vieillesse de Richelieu*, Desbois des *Trois quartiers*, la *Ligue des amants*, *Un mariage sous la Régence*, Amédée dans *Chacun de son côté*, l'abbé dans *Adrienne Lecouvreur*, Florestan dans le *Voyage à Pontoise*, le comte dans les *Souvenirs de voyage*, *Charlotte Corday*, Hoche du *Lion amoureux*, etc., etc.

GOT. — M. Got, élève du collége Charlemagne, lauréat au concours général, étudiant, licencié en droit, a pris pour vocation la carrière théâtrale. Elève de Provost au Conservatoire, il obtint, en 1841, le deuxième prix et en 1842 le premier prix de comédie. On s'accorda alors à lui trouver du naturel dans le geste, dans le débit, dans le jeu, dans la physionomie. Il débuta aux Français, le 14 juillet 1844, dans l'emploi des valets, et il s'y montra comédien déjà consommé, bien doué et plein d'assurance, dans les rôles de Mascarille des *Précieuses ridicules*, d'Alain des *Héritiers*, de Sganarelle du *Médecin malgré lui*, et de Scapin des *Fourberies*; mais avant de se considérer comme chez lui à la Comédie-Française, il dut, à la suite d'engagements antérieurs, aller passer plusieurs mois à Nantes. Rentré ensuite rue Richelieu, il s'y montra si bon acteur, qu'en 1850 il reçut le titre de sociétaire : « M. Got, disait un journal, est un acteur fin, spirituel, original, soigneux des détails, amoureux de son art, qui, dans trente rôles variés, a prouvé toute la souplesse, toute la variété de son talent. » A propos de son étourdissante création de Baudrille, dans le *Cœur et la Dot*, le *Constitutionnel* l'appréciait ainsi : « Got, l'inimitable, le fantasque, un comédien souvent, un farceur au besoin. Digne du théâtre, il a sa place partout, même sur le tréteau. »

Un autre journal a dit de lui : « Got est un acteur hors ligne; nul ne dit comme lui; c'est, sans conteste aucun, le eune comique le plus vrai, le plus original, le plus spirituel

entre les comédiens actuels. Il se transforme merveilleuse-
ment, et transforme un rôle d'une façon vraiment prodi-
gieuse. Qui nous aurait dit jamais que dans ce béat abbé d'un
proverbe d'Alfred de Musset, nous retrouverions un jour
Jean, le garçon de boutique de M. Raton ? Got a une verve et
une placidité étonnante, un entrain, un sang-froid et un brio
que je n'ai trouvés réunis chez aucun com'dien à un tel degré. Got est jeune ; il est appelé, nous n'en doutons pas, à un
brillant avenir au Théâtre-Français. » — Esprit, verve, énergie,
entrain, passion, calme, comique, sang-froid dramatique, inspiration, prudence, habileté scénique, nuances de toute sorte,
rien ne lui manque. Got n'avait pas tardé à se placer à côté
des Provost, des Samson, des Regnier ; il en est arrivé à marcher de pair avec eux. Après s'être vaillament signalé maintes
et maintes fois, et surtout dans le *Dernier quartier*, dans les
Effrontés, il s'est montré hors ligne dans le *Duc Job*, hors
ligne dans le *Fils de Giboyer*, où il déploie à la fois tant
d'âme et tant de cynisme ; hors ligne dans *Maître Guérin*, ce
type de l'égoïsme si bien pris sur le fait. Et cependant, nous
avons vu, naguère, cet excellent comédien plaider contre ses
camarades, pour reprendre une liberté qui lui pèserait bientôt
sans doute, loin de ses compagnons d'armes dramatiques. Got
a voulu quitter la Comédie-Française, lorsque la *Contagion*
d'Emile Augier émigra de la rue Richelieu à la rue de Vaugi-
rard. Il a plaidé, sans succès, pour affirmer son droit de rompre avec la société de la Comédie-Française. Une autorisation
supérieure lui a permis d'aller à l'Odéon, créer ce rôle de Lagarde, qu'il affectionnait tant dans la *Contagion* qu'il est
allé ensuite promener à travers nos départements. Mais voici
l'enfant prodigue revenu sous le toit paternel, qu'il illustrera
encore ; réjouissons-nous-en, comme il doit s'en réjouir lui-
même. M. Got y a fait une heureuse rentrée en y créant un
rôle d'usurier dans le *Fils*.

ANCIEN RÉPERTOIRE. — Les *Fourberies de Scapin* (Scapin),

les *Précieuses* (Mascarille), les *Héritiers* (Alain), l'*Ecole des femmes* (Alain), la *Coupe enchantée* (Thibaut), les *Femmes savantes*
(Trissotin), l'*Avocat Patelin*, le *Dépit amoureux* (Gros-Réné), les
Fausses confidences, le *Médecin malgré lui* (Lucas et Sgana-
relle), le *Barbier de Séville* et le *Mariage de Figaro* (Figaro),
Sganarelle, le *Malade imaginaire* (Purgon), l'*Avare* (Laflèche),
les *Plaideurs* (l'Intimé, Petit-Jean), *Georges Dandin* (Collin),
Monsieur de Pourceaugnac, le *Légataire* (Crispin), *Crispin rival
de son maître*, l'*Epreuve nouvelle* (Blaise), le *Menteur*, le
Joueur, etc.

RÉPERTOIRE MODERNE. — La *Ciguë*, la *Camaraderie* (Oscar
Rigaud), *Louis XI* (le paysan), Dominique de *Dominique* ou le
Possédé, *Il ne faut jurer de rien* (l'abbé), *Bertrand et Raton*
(Jean), Langély de *Marion Delorme*, Beaudrille du *Cœur et la
Dot*, Tibia des *Caprices de Marianne*, la *Fin du roman* (Stéphan), les *Contes de la reine de Navarre* (Babiéca), la *Pierre de
touche* (Spiégel), Lambert du *Voyage à Dieppe*, Daniel Lambert
de *Fiammina*, Rodolphe de l'*Honneur et l'Argent*, le *Dernier
quartier*, les *Jeunes gens*, *Trop curieux*, les *Effrontés*, le duc
Job, le *Fils de Giboyer*, *Maître Guérin*, le *Fils*, et, dans son
pèlerinage à l'Odéon, Lagarde de la *Contagion*.

DELAUNAY. — M. Delaunay a été puiser des leçons de comédie au Conservatoire; au mois d'août 1845, il y obtint un
accessit de comédie. Il débuta à l'Odéon à la fin de 1846,
dans la pièce de Méry, l'*Univers et la Maison*, par le rôle du
fils : « M. Delaunay, disait M. de Matharel à propos de ce début,
s'est révélé au public comme une de nos meilleures espérances
dramatiques, dans un temps où les jeunes premiers sont rares.
Ce jeune homme a de la distinction dans la personne, de l'intelligence dans le geste, du charme dans la voix, tout ce qu'il
faut pour réussir; qu'il modifie un peu la rapidité de son débit,
qu'il s'étudie à se faire entendre, ce qui n'est pas commun
parmi ses camarades, et il ira bien. » M. Delaunay demeura

au Second-Théâtre-Français jusqu'au commencement de 1848. Il entra ensuite aux Français, où il débuta par le rôle de Dorante du *Menteur*, en avril 1848.

La critique, cependant, ne se montra pas dans le principe très-favorable au nouveau pensionnaire des Français; elle se plaignit même de l'avoir trop bien traité à l'Odéon, et lui déclara qu'il était venu brûler ses ailes sur notre premier théâtre. Les comédiens jugèrent moins durement leur jeune camarade, car, en 1850, ils le proclamèrent sociétaire.

Dès ce moment, soit qu'il eût reconnu que la critique avait frappé juste, soit que celle-ci cessât de tout voir d'un œil morose, le jeune comédien vit la presse s'adoucir pour lui; dans le rôle de Fortunio du *Chandelier* elle lui trouva un accent simple et touchant, du cœur, de l'âme, un caractère de profonde tendresse; elle constata que dans *Ulysse* il avait fait de Télémaque une candide et charmante figure.

Les créations nouvelles se succédèrent nombreuses pour lui, et à chacune on put apprécier des qualités qui n'avaient point apparu d'abord. Il y a quinze ans, M. Delaunay était une des espérances quelque peu contestées de la Comédie-Française; il en est aujourd'hui une des réalités les moins discutées. Il a mis du temps à grandir, mais il a grandi à la taille des plus grands.

Les deux dernières créations de Delaunay ont montré tout ce qu'il y avait en lui de sentiment contenu, d'élégance, de chaleur; quelle verve spirituelle, quelle distinction, quel dévouement résigné, dans ce jeune vicomte du *Lion amoureux*, dont le cri funèbre de *Vive le roi!* est presque un salut à la liberté; quelle probité respectable, même dans son exagération, dans le *Fils*! Cette aisance sans affectation, ce naturel, ce ton exquis, ce *chez soi*, si je puis m'exprimer ainsi, qui ne se contractent presque qu'à la Comédie-Française, M. Delaunay les possède au suprême degré.

Il ne peut plus grandir à présent, car son talent a acquis tout

3.

le développement possible, et la critique saine et sérieuse s'arrête à présent désarmée devant lui.

COMÉDIE-FRANÇAISE. — Dorante du *Menteur*, la *Mère coupable*, Valère de *Tartuffe*, Cléante de l'*Avare*, Mario du *Jeu de l'amour et du hasard*, Alceste du *Misanthrope*, Eraste du *Dépit amoureux*, Horace de l'*Ecole des femmes*, Valère de l'*École des maris*, Léandre des *Plaideurs*, Lélio de l'*Étourdi*, Lélio de la *Coupe enchantée*, Anatole de la *Fin du roman*, Henri de *Valérie*, la *Vieillesse de Richelieu*, la *Rue Quincampoix*, la *Ligue des amants*, les *Trois quartiers*, les *Deux célibats*, les *Demoiselles de Saint-Cyr*, Masham du *Verre d'eau*, Ernest des *Souvenirs de voyage*, Alexis de *Chacun de son côté*, le *Bougeoir*, la *Migraine*, Léon du *Mari de la Veuve*, Henri d'Albret des *Contes de la reine de Navarre*, Damis de la *Métromanie*, Stéphan de *Gabrielle*, Henri dans le *Cœur et la Dot*, Télémaque dans *Ulysse*, Paul Dumège dans *Diane*, Gaston dans les *Droits de l'homme*, Octave du *Bonhomme Jadis*, Adrien de *La joie fait peur*, *On ne badine pas avec l'amour*, *don Juan d'Autriche*, Cœlio des *Caprices de Mariane*, Duplessis des *Projets de ma tante*, Maximilien du *Fils de Giboyer*, Damon de *Damon et Pythias*, qu'il avait créé à l'Odéon, Georges de l'*Honneur et l'argent*, Olivier de *Jean Baudry*, le vicomte du *Lion amoureux*, *Henriette Maréchal*, *Maître Guérin*, *Fantasio*, le *Fils*, Tadeo de *Galilée*, où il dit si délicatement une scène d'amour.

MONROSE (LOUIS), fils de Monrose le grand artiste de la Comédie-Française, son inimitable Figaro, — dont le véritable nom était Barrizin.—Louis Monrose a commencé par noircir du papier timbré dans des études d'avoué de Paris, puis tout d'un coup il s'est retourné brusquement vers le théâtre, dont semblait l'éloigner sa physionomie triste et sombre.

Trois fois, en 1833, en 1837, en 1846, il débuta à la Comédie-Française sans pouvoir y rester. L'Odéon, le Vaudeville, Anvers, Nimes le virent tour à tour, dans les intervalles de ses tentatives. C'est de l'Odéon, où il était rentré en 1847, et où le *Baron de Lafleur* fut un triomphe pour lui, que Monrose revint pour la quatrième fois à l'assaut de la Comédie-Française : ce fut la bonne, et, en 1852, il était nommé sociétaire. Il vient, tout récemment, d'être nommé professeur au Conservatoire, en remplacement de Samson.

Monrose a écrit plusieurs comédies, notamment *Figaro en prison* qu'il fit jouer à la Comédie-Française.

MAUBANT, un des plus modestes et des plus utiles artistes de la Comédie-Française, où il tient l'emploi des pères nobles et des raisonneurs, obtint en 1841, au Conservatoire, le second prix de tragédie, et débuta au mois d'août de la même année par le rôle d'Achille, d'*Iphigénie en Aulide*. La Comédie-Française renvoya Maubant à l'Odéon, où il eut quelques succès dans la *Main droite et la main gauche, Molière à Chambord, Gaiffer, Lucrèce* (rôle de Collatin). Un peu plus tard Maubant rentra à la Comédie-Française, où, à force de zèle, de travail, il est devenu indispensable.

Maubant, le sage et prudent Maubant, est un acteur consciencieux, plein de bonne volonté, de talent, dont la diction est nette et grave, tenant aussi bien sa place dans la comédie que dans la tragédie; rôles importants, bouts de rôles sacrifiés, il joue tout avec la même conscience. Sociétaire depuis 1852, il a souvent recueilli les éloges sans réserve de la critique, et il s'est fait remarquer à bon droit. La tragédie est surtout de son domaine, et il y rend, avec une distinction parfaite, les grandes figures que les auteurs ont mises sur le second plan du tableau; je citerai, entre autres, le vieil Horace, Burrhus de Britannicus, Atrée, les rois et les empereurs.

Le nom de Maubant est honorablement attaché à la plupart des œuvres comiques de l'ancien répertoire, et à un grand nombre de celles du répertoire moderne. Je mentionnerai, un peu au hasard, Baliveau de la *Métromanie,* Géronte

du *Menteur*, frère Arsène de *Don Juan d'Autriche*, Béralde du
Malade imaginaire, Chrysalde de l'*Ecole des femmes*, Du-
briage, du *Vieux célibataire*, Philinte, du *Misanthrope*, la *Volonté*,
Vanderck père, du *Philosophe sans le savoir*, etc.

BRESSANT, né à Châlons-sur-Saône en 1816, a été lui aussi
petit clerc. La basoche semble, en effet, avoir été, pour beaucoup, la première étape conduisant à la Comédie-Française.
Casimir Bonjour lui révéla sa vocation artistique, et, en 1836,
le petit clerc débutait à Montmartre, où les Variétés allèrent
le chercher : à peine y avait-il paru qu'on lisait dans le *Cabinet de lecture* : « Le jeune Bressant, du théâtre des Variétés,
vient d'être engagé, dit-on, à la Comédie-Française. » La nouvelle n'était prématurée que d'à peu près vingt ans. A quelque
temps de là un jugement cassait l'engagement de Bressant
avec les Variétés, comme contracté pendant sa minorité ; mais
le beau-père de Bressant, M. Dupont, était l'entrepreneur des
succès du théâtre ; sa fille, la femme de Bressant, y était engagée ; Bressant craignit que sa retraite ne compromît leur
position, et il resta malgré le gain de son procès. Le *Chevalier
d'Eon*, l'*Epée de mon Père*, le *Marquis de Brunoy*, l'*Etudiant* et
la *Grande Dame*, le rôle du prince de Galles dans *Kean* y furent
ses créations les plus importantes.

Le Bressant d'alors ressemblait-il au Bressant d'aujourd'hui,
le faisait-il pressentir ? Peut-être.

« C'était, disait de lui plus tard M. Eugène Guinot, un jeune
homme de belle espérance, par son talent et sa bonne volonté ; il possédait toutes les qualités convenables dans l'emploi
des amoureux, une figure agréable, une tournure élégante, de
la distinction, de la grâce, et une intelligente sensibilité. »

Et pourtant, Bressant, pour qui l'avenir se présentait si
beau en France, et dont on avait encore en 1838 annoncé l'engagement possible à la Comédie-Française, disparut un beau
jour. Pourquoi cacher une faute que tout le monde connaît et

qu'il a dignement et chèrement réparée depuis ? La Russie savait trop bien encourager les fugues de nos artistes pour ne pas l'accueillir à bras ouverts. Bressant paya en talent ce qu'on lui donnait en hospitalité, et dans les sept ans qu'il passa à Saint-Pétersbourg il y obtint d'assez éclatants succès pour que le retentissement en vînt jusqu'à Paris.

Bressant rentra en France au commencement de 1846 ; il n'avait pas le cœur ingrat, il avait voulu à tout prix revoir la patrie. Le Gymnase s'empressa de l'engager, et Bressant, qui fut alors condamné à donner 20,000 fr. de dommages à son ancien directeur des Variétés, et 16,000 fr. au directeur, avec rang de général, des théâtres impériaux de toutes les Russies, débuta au boulevard Bonne-Nouvelle le 20 février 1846, dans *Georges et Maurice.*

« Bressant, disait alors un journal hebdomadaire, n'est plus le jeune homme qui donnait des espérances, c'est actuellement un homme fait, dont on peut apprécier les qualités. Il a un bel extérieur, un organe agréable, une diction nette et facile, une excellente tenue. Nous le croyons appelé à obtenir long-temps les applaudissements du public, non plus dans les amou‑ reux, mais dans les jeunes premiers ; nous le croyons également très-bien placé au Gymnase. »

Chaque création nouvelle de Bressant fut marquée par un progrès; la presse, d'abord très-réservée pour lui en 1846, l'a accablé de toutes les formules de l'éloge ; elle n'a eu qu'à constater une à une ses brillantes, ses incontestables qualités dramatiques ; c'est un artiste hors ligne, c'est l'un des acteurs les plus élégants, les plus distingués de la scène française ; on le compara tour à tour à Firmin, à Fleury, à Molé. C'est que son jeu est d'une souplesse, d'une correction parfaite ; à d'autres l'afféterie, les contorsions, les exagérations si en usage de nos jours : lui, il reste toujours simple, naturel, contenant son geste, sa voix si sympathique.

Après un véritable triomphe dans *un Fils de famille,* Bressant a été engagé aux Français, par l'initiative ministérielle, — et Paris ne s'en est pas plaint, — car la Russie était au moment de ressaisir son ancien pensionnaire. L'engagement de Bressant au Gymnase expirait, en effet, le 31 janvier 1854. Saint-Pétersbourg ne garde pas rancune au talent; le général Guélénoff manifeste à Bressant le désir du czar de le revoir à Saint Pétersbourg, et lui envoie un engagement en blanc. Bressant répond en demandant une position égale à celle de madame Plessy (70,000 fr. par an et deux mois de congé.)

Le général répond que ces propositions sont acceptées; mais, le jour même, Bressant, mandé dans le cabinet du ministre de l'intérieur, remplissant les attributions de surintendant des théâtres impériaux, en sortait avec un brevet de sociétaire de la Comédie-Française, signé de M. Arsène Houssaye, le directeur. « Vous voulez, monsieur le ministre, avait dit Bressant, m'attacher à la Comédie-Française; c'est un grand honneur que vous me proposez, mais je ne puis cependant pas sacrifier tout mon passé, tout mon avenir. J'ai 25,000 fr. au Gymnase et deux mois de congé; on m'offre 70,000 fr. à Saint-Pétersbourg et deux mois de congé; donnez-moi 18,000 fr. au Théâtre-Français, nommez-moi chef d'emploi, accordez-moi deux mois de congé, permettez-moi de n'aborder l'ancien répertoire que quand je croirai devoir le faire, et je signe. »

Voilà comment Bressant a été fait d'emblée sociétaire de la Comédie-Française, à partir du 1er février 1854. Le 6 février il y a débuté, dans les *Femmes savantes* et, sauf quelques critiques de détail, on s'est accordé à reconnaître qu'il y était fort bien à sa place, et qu'il saurait faire valoir, avec ses intonations toujours justes, jamais heurtées, son élégance, son charme habituel, la richesse du style et la finesse des pensées de ses auteurs. « Qu'il est charmant ! » s'écriait involontairement une dame, à l'une de ses représentations. Ce mot échappé atteste que Bressant est aux Français, comme au

Gymnase, l'enfant chéri des dames. Voici quels ont été ses principaux rôles :

Dans l'ancien répertoire, il a abordé avec éclat l'*Ecole des Bourgeois*, le rôle d'Alceste, du *Misanthrope* si difficile à s'approprier. Almaviva du *Barbier* et du *Mariage de Figaro* n'a jamais eu un cachet plus naturel. Il n'a même pas craint de ceindre la haire et la discipline de *Tartuffe*; certes, il ne faut pas que nous nous représentions toujours *Tartuffe* avec un physique repoussant; à ce compte, Orgon serait inexcusable. Mais les franches allures de Bressant nous font considérer ce rôle comme un des plus dangereux pour lui. En 1857, il passa marquis dans *Turcaret*.

Dans le nouveau, nous l'avons chaleureusement applaudi dans Bolingbrocke du *Verre d'Eau*, dans Richelieu de *Mademoiselle de Belle-Isle*, où Firmin avait laissé de si écrasants souvenirs.

Avec quel charme, quelle distinction il joue les proverbes, ces miniatures de la comédie, les petites pièces en un acte, le *Cheveu blanc*, le *Caprice*, le *Bougeoir*, *Mon étoile*, de Scribe, *il Faut qu'une porte soit ouverte ou fermée*, etc.; sa plus récente création, le rôle de M. de Morière, dans *Un cas de conscience*, de M. Octave Feuillet, est un petit chef-d'œuvre, une perfection. Il eût été difficile à tout autre que lui de faire un poëme, une action complète, avec ses péripéties et ses attendrissements sympathiques, d'une simple conversation. S'il a eu sa part des manifestations hostiles qui ont accueilli *Henriette Maréchal*, ce n'était point à l'acteur aimé qu'elles s'adressaient, mais bien à l'excentricité, pour notre première scène, du langage du personnage qu'il était appelé à rendre. Dans le *Fils*, il avait su faire d'une physionomie secondaire un type parfait de distinction et de belle humeur.

Dans le *Lion amoureux*, Bressant a créé le général conventionnel Humbert; nous lui avons trouvé des élans dramatiques auxquels il ne nous avait pas habitués; il a dit, avec

une chaleur entraînante, cette fameuse tirade dans le salon de
Mme Tallien, qui est presque une page d'histoire : l'amour a
beau émousser les griffes et les dents du lion républicain, on
le voit toujours prêt à rugir, et lorsque son *officieux*, l'homme
du peuple-jacobin, le gourmande de ses faiblesses, on se de-
mande si ses griffes et ses dents ne vont pas apparaître ter-
ribles. Bressant a rendu, avec une vérité incontestable, ces
luttes entre le devoir, tel qu'il apparaît à l'homme de parti,
et le sentiment, entre la tête et le cœur.

J'aurais ici toute une page à consacrer à l'énumération des
rôles qu'il a créés au Gymnase, depuis Lovelace, de *Clarisse
Harlowe*, pour lequel il semblait taillé, *Quitte pour la peur*, où
on le compara à Fleury, le *Bal du prisonnier*, où sa distinction
naturelle se déployait avec tant de charme, le Desgrieux de
Manon Lescaut, Alexis du *Mariage de Victorine*, Frantz du *Piano
de Berthe*, Valentin de *Diane de Lys*, etc.

Mais je ne parle que de la Comédie-Française ; je n'ai donc
à enregistrer ici que ses services, dont l'énumération est déjà
si longue, sur notre grande scène de comédie. Avant, j'ai
encore à apprendre à mes lecteurs que Bressant vient d'être
nommé professeur de déclamation au Conservatoire, en remplacement de Mlle Augustine Brohan, démissionnaire.

COMÉDIE-FRANÇAISE. — Clitandre des *Femmes savantes*, Oscar du *Jeune mari*, lord Dudley de *Fiammina*, Georges Bernard
de *Par droit de conquête*, Bolingbrocke du *Verre d'eau*, M. de
Chavigny d'*Un caprice*, Richelieu de *Mademoiselle de Belle-Isle*,
Almaviva du *Barbier de Séville* et du *Mariage*, Alceste du *Misanthrope*, *Tartuffe*, l'*Ecole des Bourgeois*, l'*Aventurière*, une
Loge d'opéra, un *Mariage sous Louis XV*, le *Feu au couvent*, le
viveur d'*Henriette Maréchal* et du *Fils*, Humbert du *Lion amoureux*, et dans ces petits proverbes, ces petites pièces en un acte
où il excelle, le comte d'*Il faut qu'une porte soit ouverte ou
fermée*, de Lucenay, du *Bougeoir*, de Lussac d'*Un cheveu blanc*,

l'inconnu de *la Pluie et le beau temps*, enfin, tout récemment, le rôle de Morière, d'*Un cas de conscience*.

TALBOT. — M. Talbot, dois-je dire M. Montalant pour ceux qui ne le connaissent que sous son nom de théâtre? est élève du Conservatoire. Il débuta à l'Odéon dans *Othello*, et fut engagé comme premier rôle tragique; mais, sur les conseils de ses amis, il prit l'emploi des financiers et n'eut pas à s'en repentir : le jeune lauréat de tragédie s'est, en effet, vite conquis une position dramatique des plus honorables au milieu d'artistes déjà en renom. M. Talbot sait se métamorphoser comme Protée; il porta avec une vérité frappante la douillette du vieillard dans *l'Honneur et l'Argent*, où il sut faire un véritable rôle d'un bout de rôle insignifiant. C'est en faisant de rien quelque chose, on l'a souvent dit, que les artistes de mérite se révèlent. M. Edouard Thierry écrivait, à propos de *Mauprat* : « Talbot a créé, d'une manière très-remarquable, le rôle de Jean le Tors. Sganarelle hier, Jean Mauprat aujourd'hui, Talbot a deviné tout d'un coup tout ce que ne lui a pas appris le Conservatoire et s'est mis hors ligne. » Cette opinion, on ne peut que la partager.

Après quelques années passées à la laborieuse école de l'Odéon, où il prit plus de soixante rôles divers dont il s'acquitta avec dictinction, M. Talbot est entré, en 1856, à la Comédie-Française, où il a apporté la connaissance parfaite de l'ancien répertoire, dans lequel il s'est surtout personnifié. Orgon, Arnolphe, Géronte, Harpagon, Bartholo, Argan, tous ces vieux amoureux de l'ancienne comédie, ces pères nobles qui, essayant en vain de remonter le courant de la vie, cherchent à retourner aux jeunes premiers, ont dans Talbot un excellent interprète. Il a cette bonhomie à la fois naïve et tracassière que comporte son emploi. Il semble se complaire dans ces personnages de l'ancien répertoire qui constituent les barbons ridicules, parce qu'ils brûlent de feux qu'on ne leur pardonne plus. Si Arnolphe se plaît à la contemplation des yeux si doux et si candides d'Agnès, Harpagon devient terrible, avec Talbot, dans celle des beaux yeux de sa cassette.

Je n'ai eu que rarement l'occasion de voir M. Talbot dans des ouvrages modernes ; mais je l'ai trouvé d'un naturel parfait dans ce marquis de *Par droit de conquête*, dont les préjugés sont si tenaces, si consciencieux, qu'on est presque porté à un peu les pardonner à ce vestige du passé. M. Talbot a à prendre et prend une bonne part de la succession de cet excellent Provost, de regrettable mémoire. Nous l'avons vu représenter, après celui-ci, avec succès, le *Bonhomme Jadis*. Un critique, parlant de lui dans *Fiammina*, en disait avec justesse. « Talbot, un jeune acteur, déjà vieux de talent. »

M. Talbot a attaché et bien attaché son nom à la plupart des rôles de l'ancien répertoire, qu'il avait déjà largement entamé à l'Odéon, dont le public n'a pas toujours été facile. Aussi, en arrivant à la rue Richelieu, s'y est-il tout d'abord trouvé chez lui, et a-t-il eu bientôt conquis les éperons de chevalier, le sociétariat, qui lui a été décerné en 1859.

M. Talbot est le gendre de Geffroy.

LAFONTAINE. — Nous lisons dans une petite publication intitulée la *Lanterne magique :* « Et Lafontaine, cet élégant acteur du Gymnase, n'a-t-il pas été abbé d'un séminaire, puis garçon de ferme en Normandie, puis palefrenier, puis que sais-je, moi? Il a fait un peu de tout, et pourtant, voyez-le maintenant : c'est l'homme du monde par excellence, la distinction dans tout son éclat ; tant il est vrai que l'éducation est la pierre fondamentale de l'humanité ! »

Louis-Marie-Henri Thomas, tel est le véritable nom de M. Lafontaine ; il compte parmi ses aïeux l'académicien Thomas et Laharpe.

Lafontaine a été en effet, comme le dit la biographie que nous venons de citer, séminariste, mais séminariste ayant par-dessus tout en haine le séminaire et le latin qu'on y apprenait. Aussi s'évada-t-il maintes fois, au risque de se rompre le cou; une dernière fois, ce fut la bonne, il n'y rentra plus.

Garçon de ferme, palefrenier, ceci est de l'imagination toute pure; quand il s'évadait, il se cachait chez d'anciens fermiers de son père qui le traitaient comme leur fils et leur maître à la fois. Voilà sans doute ce qui a donné lieu à la petite inexactitude que nous avons citée pour la rectifier. Ce fait redressé, nous devons constater que Lafontaine a mené sur terre et sur mer une vie vagabonde qui, en dernier ressort, l'a conduit à embrasser la carrière théâtrale. Il a été commis négociant; il s'est acheminé ensuite vers Paris, léger d'argent et rempli d'espérance. En route, il s'est fait colporteur, vendant aux campagnards des bonnets de coton; c'est ainsi qu'il est parvenu à atteindre la capitale avec quelques écus dans sa poche.

Lafontaine cherchait sa vocation; il ne l'avait rencontrée ni dans les austérités des ordres ecclésiastique, ni dans les spéculations commerciales, réduites à leur plus modeste expression; mais le goût du théâtre lui était venu; il avait joué Buridan sur des tréteaux, il avait joué à l'Athénée de Bordeaux, charmant petit théâtre d'amateurs où l'on se souvient toujours de lui.

Aussi, dès son arrivée à Paris, Lafontaine, plein des illusions naturelles à son âge, se crut-il en droit de frapper aux portes de la Comédie-Française : Sésame ne s'ouvrit pas. Alors Lafontaine s'achemina plus modestement vers les théâtres de la banlieue; accueilli par M. Seveste, il débuta, il oua, il étudia; bientôt il se fit remarquer par l'art avec lequel composait ses rôles. Enfin, ô bonheur ! voilà le jeune artiste à la Porte-Saint-Martin. Mais la direction qui l'avait engagé ayant fait de mauvaises affaires, le théâtre ferma; il dut chercher à se caser ailleurs.

Comme la plupart de nos artistes aujourd'hui en renom,

Lafontaine, constatons-le en passant, devait compter avec les répulsions de sa famille, s'il eût parlé d'embrasser le métier d'acteur ; pendant deux ans, Henri Thomas, qui a deux sœurs religieuses, écrivait à ses parents qu'il était employé dans une maison de commerce, et ceux-ci le croyaient ; l'acteur Lafontaine en riait sous cape.

En 1849, le Gymnase accueillit Lafontaine qui débuta dans le *Chaperon*, se produisit ensuite dans *Brutus lâche César*, dans *Faust et Marguerite*, en 1851, et fixa enfin la critique, dans la *Femme qui trompe son mari* : « Qu'il réchauffe sa froideur ! » lui disait la *Presse* à propos de sa création du rôle de François, dans cette pièce ; c'était là un de ces conseils qu'on donne à des artistes dont on fait cas. A partir de ce moment, Lafontaine s'est parfaitement posé au Gymnase. Le rôle de Fulgence dans le *Mariage de Victorine*, où il s'est révélé avec tant de distinction, lui a conquis la faveur du public, et cette faveur a depuis été toujours en croissant ; il l'a justifiée par d'incontestables progrès de chaque jour.

Nous l'avons vu comme tout Paris dans un *Fils de famille*, cette création où il n'a jamais été égalé, cette pièce si admirablement montée à son origine, et nous en dirons, comme M. Théodore Anne : « Il a rendu avec un art parfait le rôle du colonel. C'est le portrait vivant d'un de ces braves officiers au cœur droit, à la tournure un peu gauche, auxquels l'air de la caserne convient mieux que celui du salon, mais qui portent la tête haute parce qu'ils ont le cœur noble et pur. On dirait que Lafontaine a cherché sur quelque champ de manœuvre, trouvé et dessiné le type de la figure qu'il a été chargé de représenter à la scène. Sa perruque, les mouvements de son front, sa tenue, sa tournure, son débit saccadé, ses mouvements convulsifs, tout est d'un naturel parfait. Jusqu'alors jeune premier, Lafontaine est devenu tout à coup premier rôle, sans embarras, sans effort et sans que son talent souffrit de cette brusque transition. Loin de là, ce talent expressif dans la jeunesse a pris une teinte de maturité qui prouve l'excellence des études de cet acteur distingué. Chaque création nouvelle de Lafontaine montre en effet avec quel art cet excellent comédien sait composer un rôle ; il ne se ressemble pas, ne se copie pas lui-même, il fait de chaque personnage qu'il aborde un type qui restera.»

La Comédie-Française voulut l'engager en 1854. M. Montigny eut, de son côté, le bon esprit de le retenir.

A vingt-huit ans, il comptait un nombre infini de créations dignes d'un maître, sur cette scène du boulevard Bonne-Nouvelle qui conserve, elle aussi, scrupuleusement, toutes les traditions du bon ton, de la vraie comédie. Il semblait s'y élever à chaque nouveau rôle qu'il prenait ; le comte de *Diane de Lys* avait, en dernier lieu, ajouté à sa réputation ; le rôle de *Flaminio*, dans une œuvre de Georges Sand à présent oubliée, était créé, par lui, avec un cachet de fatalisme qui ne lui messeyait pas.

Muni d'un bagage dramatique qui eût été peut-être bien lourd à porter, pour tout autre que lui, Lafontaine vint de nouveau frapper aux portes de la Comédie-Française ; elles s'ouvrirent avec plus de facilité pour le transfuge du Gymnase que pour l'échappé du séminaire et de l'Athénée de Bordeaux. Pourquoi ne le dirais-je pas ? Il s'y dévoya tout d'abord. Lui, l'homme par excellence de la comédie dramatique, il se lança, en enfant perdu, dans les vigoureux hémistiches de Corneille. Il joua le *Cid* ; il le comprit à sa manière, il en fit, d'accord peut-être avec la tradition historique, mais complétement en désaccord avec la tradition du lieu, une sorte de personnage comme ceux du drame romantique, là où le *Cid* personnifiait la tradition classique. Il ne réussit pas. Après avoir médiocrement réussi dans le rôle assez morose de d'Aubigny, de *Mlle de Belle-Isle*, — on peut bien constater ces insuccès effacés par tant et de si beaux succès, — qu'on me permette ce jeu de mot involontaire, il se décida sans hésitation.

Il alla jouer au Vaudeville *Dalila*, le *Roman d'un jeune homme pauvre*, puis il revint au Gymnase, où il retrouva une approbation unanime et méritée dont il sut apprécier la valeur, et où il continua de plus en plus à marquer sa place aux Français.

Là, nous le retrouvons dans la *Perle noire*, la *Vertu de ma mère*, les *Pattes de mouche*, les *Ganaches*, le *Démon du jeu*; nous devons aussi l'y mentionner dans le *Bout de l'an de l'amour*.

Quelle physionomie plus touchante que celle du *Gentilhomme pauvre*, si heureusement créé par lui, en dernier lieu, à son berceau d'artiste, la salle Bonne-Nouvelle. Quelle dignité dans l'humiliation de la misère imméritée ! quelle sensibilité vraie dans ses souffrances paternelles, dans son orgueil uni à tant d'abnégation ! comme l'acteur perfectionnait le personnage créé par l'auteur et en faisait un type !

Au Gymnase, Lafontaine était souvent, par la distribution des rôles, astreint à aimer, parfois d'un amour tout paternel, l'une des plus gracieuses et des plus méritantes actrices du lieu, Mlle Victoria. Cette affection, écrite dans le poëme de la pièce, il l'a prise au sérieux, et celle dont le nom était si souvent mêlé à ses triomphes est devenue madame Lafontaine.

Lafontaine et Mme Victoria-Lafontaine sont entrés ensemble à la Comédie-Française, le 20 octobre 1863, avec le rang de sociétaire, et un magnifique engagement. L'ex-pensionnaire de M. Montigny y a trouvé un public sympathique et bienveillant avec lequel il s'est bientôt mis à l'aise. Il y a débuté, le 1er novembre 1863, dans le *Dernier quartier*, par un rôle des plus modestes, où il n'avait que quelques mots à dire, et il y a continué dans *Moi*, par un rôle qui n'était pas mieux fait pour lui.

Qu'on me permette de me borner à mentionner ses trois dernières créations, dans les dernières pièces des Français. La sombre figure du jaloux Alvarez dans le *Supplice d'une femme* allait admirablement à sa taille : celle de Louis XI, dans *Grin-*

yoire, n'a pas été moins bien étudiée, moins bien dessinée par lui. Dans le colonel de *Maître Guérin*, ncus avons retrouvé avec plaisir le colonel du *Fils de famille*. Ne parlons pas, par respect pour les mortes, du mari d'*Henriette Maréchal*.

COQUELIN. — Entré au Théâtre-Français, comme lauréat du Conservatoire, le 7 décembre 1861. — Sociétaire du 1er janvier 1863.

M. Coquelin attaqua cet emploi des valets, qui exige une si grande finesse comique sous un fond vulgaire ; le *Jeu de l'amour*, l'*Epreuve*, les *Folies amoureuses*, la *Gageure*, le *Legs*, l'*Avare*, les *Précieuses*, le *Malade imaginaire*, les *Femmes savantes* le *Bourgeois gentilhomme*, les *Deux ménages*, le *Légataire universel*, *Attendez-moi sous l'orme*, *Crispin rival*, les *Fourberies de Scapin*, le *Misanthrope*, Mercure d'*Amphitryon*, Figaro du *Barbier* et du *Mariage*, et d'autres ouvrages encore, nous le montrèrent sous les traits effrontés de beaucoup d'amusants coquins de comédie dont les noms sont populaires au théâtre ; ces chefs-d'œuvre comiques de l'ancien répertoire, toujours jeunes au fond sous une forme un peu vieillie, montrèrent M. Coquelin grandissant et progressant toujours, déployant, dans chaque physionomie nouvelle qu'il nous rendait, toutes les souplesses d'un talent incontesté. Aussi quand, au bout de deux années seulement, il fut nommé sociétaire, le public sanctionna-t-il des deux mains cet avancement mérité.

Le répertoire moderne n'a point été, non plus, trop défavorable à M. Coquelin, et ses créations y ont été de plus en plus heureuses. Je puis y mentionner, à son avoir : Ambroise de *Valérie*, *Faute de s'entendre*, *Il ne faut jurer de rien*, John de *Trop curieux*, Anatole d'une *Loge d Opéra*, Anselme de la *Pluie et le Beau Temps*, Hubert de la *Jeunesse*, Gagneux de *Jean Baudry*, Michaud de la *Maison de Penarvan*, *Oscar*, les *Fourberies de Nérine*, le créancier de l'*Honneur et l'Argent*, le prince de *Fantasio*, et, tout récemment, Destournelles qu'il a repris après Monrose dans *Mlle de la Seiglière*.

L'attention de la presse, de la critique, était attirée depuis longtemps déjà sur M. Coquelin, et il n'a pas à se plaindre de ses bienveillantes appréciations. Cette justice distributive, il l'a toujours méritée, surtout dans ses trois plus récentes créations.

Dans la *Pomme*, de M. de Banville, il nous a montré Mercure tel qu'on doit le comprendre, avec toute la finesse, toute l'astuce d'un Dieu blasé, sachant faire ses affaires, à l'occasion, tout en bénéficiant sur celles des autres.

Dans *Gringoire*, il s'est approprié on ne saurait mieux ce type un peu fantaisiste, même dans son anachronisme, du poëte pauvre et malingre illustré par Victor Hugo dans sa *Notre-Dame de Paris*; il y a de l'inspiration, de la verve, de la sensibilité dans cette insouciance et dans cet amour de *Gringoire*, où la fantastique Esméralda n'a rien à voir. Il a su à la fois en prendre la laideur, et l'embellir par la grâce et la bonne humeur.

Le jacobin Aristide du *Lion amoureux* n'a-t-il point, sous les traits de Coquelin, cette rudesse dévouée et désintéressée, si commune aux classes populaires, cette défiance jalouse, cette amitié tracassière dans son égoïsme, si naturelle chez les gens du peuple, toujours disposés à certaines brutalités du cœur?

Dans ces trois œuvres d'un genre si distinct, chaque auteur a esquissé des types; M. Coquelin, on peut le dire, les a créés et perfectionnés.

Son rôle le plus récent, dans *Galilée*, est un peu effacé; il sait cependant le mettre en relief.

PROVOST (Eugène). — C'est un peu, et peut-être beaucoup comme fils de son excellent et regretté père, que M. Provost fils a pris tout d'abord, à la Comédie-Française où il est entré en 1859, une place difficile à enlever.

M. Eugène Provost s'est consciencieusement produit dans

une multitude de rôles de valets de l'ancien répertoire, et un peu aussi du nouveau. Je ne parlerai de *On ne badine pas avec l'amour,* que parce que le programme l'y représente comme figurant un chœur de jeunes gens, tandis que M. Seveste y fait un chœur de vieillards, et que ce rôle de chœur dévolu par le programme à une seule personne semble assez singulier.

Une certaine émotion se produisit, je dois le constater, l'an dernier, dans le personnel de la Comédie-Française, lorsque M. Eugène Provost fut, si jeune encore, promu subitement au sociétariat; quelques-uns de ses camarades pensaient-ils que ce fût là une récompense trop anticipée? M. Provost s'est depuis ce moment cru obligé de redoubler d'efforts et de zèle; aussi le Théâtre-Français le compte-t-il au nombre de ses plus laborieux, de ses plus zélés serviteurs.

—

MESDAMES :

BROHAN (Mlle AUGUSTINE). — En 1839, une jeune fille de quinze ans reçut au Conservatoire le second prix de déclamation comique, et l'*Artiste* s'exprimait ainsi sur le compte de cette élève : « Elle a joué le rôle de Lisette, des *Folies amoureuses,* avec une verve, une franchise, une gaieté, une assurance fort au-dessus de son âge. Elle a quelquefois mis trop de volubilité dans son débit, mais elle a toujours bien compris les intentions du couplet comique, et n'a jamais émietté son rôle pour montrer toute l'étendue de son talent. Dans deux ou trois ans, nous l'espérons, Mlle Brohan tiendra très-bien l'emploi des soubrettes. » Un an plus tard, M. Rolle pronostiquait ainsi l'avenir de la jeune fille, en rendant compte d'une solennité artistique du Conservatoire : « Mlle Brohan a particulièrement réussi et fixé l'attention. Son nom seul était de bon augure et combattait pour elle. C'est une fille de race; la comédie l'a bercée, elle a du pur sang comique dans les veines;

4

Mlle Brohan n'est âgée que de quinze ans et déjà elle montre une vivacité et une intelligence dignes de sa naissance. On en fera une piquante soubrette, car c'est le tablier de Marton et de Lisette, et non le sceptre tragique que Mlle Brohan veut porter; par Molière, elle le portera gaiement et spirituellement. » Et Mlle Augustine Brohan, la fille de l'excellente Suzanne Brohan dont les vieux habitués du Vaudeville se souviennent encore avec tant de plaisir, n'a point fait mentir les pronostics; elle a prouvé depuis qu'on pouvait légitimement dire, telle mère telle fille, et qu'elle pourrait avec orgueil prendre pour devise : *Brohan suis!*

Non-seulement la Comédie-Française accueillit la jeune actrice, mais encore elle lui accorda, un an à peine après ses débuts, le titre de sociétaire. Un grand journal disait à ce sujet (en octobre 1842) :

« Cette fortune subite, cette position tant enviée assurée à une jeune fille de dix-huit ans tout au plus, il y a peu de temps encore élève du Conservatoire, sont justifiées par un talent réel qui grandit tous les jours. Soubrette piquante, coquette à la répartie vive et spirituelle, Mlle Brohan a le bonheur de réunir, aux qualités qui nous ont fait si souvent applaudir sa mère, un organe sonore, une prononciation vibrante, accentuée... Peu de réceptions, ajoutait ce journal, ont été aussi flatteuses que la sienne. C'est à l'unanimité qu'elle a été nommée sociétaire, et c'est par des applaudissements unanimes que le public a confirmé le choix du comité du Théâtre-Français. »

Dès ce moment nous n'avons en effet à relater qu'éloges sur éloges prodigués par la presse à Mlle Augustine Brohan, dans ses créations diverses.

Nous devons surtout parler de Mlle Augustine Brohan dans *Quitte ou double,* un charmant proverbe dont elle était l'auteur. Mon Dieu oui, l'auteur; qu'y a-t-il donc d'extraordinaire à voir une spirituelle actrice écrire comme elle parle, avec verve, avec entrain? Ce n'était même point là son coup d'essai; une autre production de Mlle Augustine Brohan, un proverbe intitulé *Compter sans son hôte*, avait eu aussi, en 1849, les honneurs de la représentation, en petit comité, à l'hôtel Forbin Janson. « Mademoiselle Brohan est, au jugement des amateurs et des critiques les plus distingués, disait M. Guinot à propos de ce proverbe, la meilleure soubrette que le Théâtre-Français ait possédée depuis bien longtemps; et la supériorité qu'elle y déploie dans les rôles à tablier est d'autant plus remarquable que Mlle Augustine Brohan n'a pas toutes les qualités physiques de l'emploi. Elle a la jeunesse, la fraîcheur, la taille svelte, le pied mignon, l'œil éveillé, le sourire railleur; mais, pour être le type accompli de la soubrette, il lui manque le nez retroussé. Mlle Brohan a le nez droit d'une marquise et non le nez fripon de Lisette. Mais, à défaut du nez, elle a l'esprit retroussé, l'esprit le plus fin, le plus mordant, le plus agaçant, un esprit plein de facettes et de méplats le plus gracieux du monde. Vivement empreint sur sa physionomie piquante, cet esprit corrige le tort charmant de la nature et vient en aide à l'illusion scénique; de sorte qu'on pardonne aisément à Mlle Brohan la ligne grecque de son nez, et qu'on ne saurait lui en vouloir de ce qu'elle ressemble à Aspasie plutôt qu'à Roxelane.

« L'esprit de Mlle Brohan est aussi connu que son talent; elle n'en est réellement pas avare; elle le prodigue au foyer du Théâtre-Français et dans le salon où elle tient sa cour. Ses bons mots ont quelquefois porté assez loin et assez haut. »

M. J. Janin, dans un feuilleton des *Débats* du 9 février 1851, annonçait la représentation, également en petit comité, d'une autre petite comédie, les *Métamorphoses de l'amour*, qui valait beaucoup mieux, à son avis, que celle de 1849. La plume de Mlle Brohan ne s'est pas arrêtée là; nous devons encore marquer à son avoir : *Qui femme a, guerre a*, opinion de bien des maris et de bien des pacifiques célibataires développée par sa prose féminine, et *Il faut toujours en venir là*, proverbe digne de sa plume; nous pourrions dire, si nous étions indiscrets, qu'on lui a attribué, dans le *Figaro*, les lettres signées Suzanne. Nous pourrions... Mais laissons l'auteur et revenons à l'actrice.

L'ancienne élève de Samson au Conservatoire, la jeune actrice toujours vive, étincelante de verve, si alerte, si spontanée, imprimant à tous ses rôles un brillant cachet de beauté, d'esprit, d'étourderie et de jeunesse, qui a tant d'esprit sur ses lèvres, dans son rire de démon, tant d'esprit dans cet œil de velours, tant d'esprit sur ses dents de nacre... faut-il le dire?... la Comédie-Française a été une fois au moment de la perdre. En décembre 1847, ses enthousiastes admirateurs apprirent avec douleur qu'elle avait donné sa démission de sociétaire : heureusement ce caprice passa comme un nuage, et la parfaite actrice nous est restée.

Mlle Augustine Brohan joue avec autant d'aisance les soubrettes aux allures familières que les coquettes aux belles et aristocratiques manières. Madame de Prie, de *Mademoiselle de Belle-Isle*, a été interprétée par elle de façon à faire oublier Mlle Mante, qui s'y était si bien personnifiée.

Les spirituelles saillies de Mlle Brohan, ses bons mots, souvent si piquants et taillés à l'emporte-pièce, lui ont fait une réputation d'esprit bien méritée; ils formeraient un volume complet, si nous voulions rapporter tous ceux qu'elle a libéralement semés. Elle est connue à Paris comme dans les pays où, pendant ses congés, elle a été recueillir des couronnes et des bravos, par sa charité, par sa bonté, par son désintéressement, par ses libéralités, par ses aumônes.

Une douloureuse maladie de la vue l'a pendant quelque temps éloignée de la scène; elle y est revenue avec le regard aussi vif, aussi malicieux que jamais.

Dans le vieux répertoire comique de la Comédie-Française qui semble lui appartenir tout entier, et qu'il faudrait énumérer

tout au long pour parler ici de Dorine, de Lisette, de Marinette, de Colombine, de Jacqueline, de Suzanne, et de tant
d'autres soubrettes du meilleur cru, la vivacité de son regard
égale celle de sa parole. Dans ces petits actes, dans ces proverbes où elle excelle, comme dans Madame de Leyris, d'*Un
Caprice*, elle a toute la verve de la jeunesse et tous les éclairs
des yeux.

Si l'on pouvait, aujourd'hui, adresser un reproche á M¹¹ᵉ
Augustine Brohan, ce serait celui de se montrer trop rarement à la Comédie-Française.

M¹¹ᵉ Augustine Brohan a été pendant longtemps professeur au Conservatoire; c'est-à-dire qu'elle y a fait d'excellentes élèves. Dernièrement, elle a donné sa démission de
ces modestes et honorables fonctions.

BONVAL (Mademoiselle CLARISSE) — Le Conservatoire en-
voya mademoiselle Bonval à la Comédie-Française, où, en
1843, dans *Tartuffe* et dans *les Rivaux d'eux-mêmes*, elle
aborda l'emploi des soubrettes. Le journal l'*Artiste* en disait
alors : « Le premier essai dont nous ayons été les témoins est
celui de mademoiselle Bonval, jeune élève du Conservatoire,
qui se destine à l'emploi des soubrettes, et qui en possède les
premières et indispensables qualités : un organe net et sonore,
une physionomie spirituelle, une agréable tournure. C'est
dans deux ouvrages d'un genre bien différent que nous avons
eu l'occasion de voir la débutante : dans *Tartuffe*, dans *les
Rivaux d'eux-mêmes*. Là, elle se montrait sous les traits d'une
vive et délurée suivante; ici, sous ceux d'une demoiselle de
compagnie précieuse et bel esprit. Mademoiselle Bonval a suffi
aux exigences des deux rôles, et nous croyons que son
jeune talent, formé par des bons exemples, est capable de
endre de grands services à la Comédie-Française. » De la
Comédie-Française, mademoiselle Bonval se rendit à Lyon ;
elle y débuta dans le *Roman d'une Heure*, y fut assaillie par

4.

des siffleurs obstinés, et se retira devant cette opposition sys-
tématique.

Paris sut mieux l'apprécier ; elle y fit partie du personnel
de l'Odéon à la réouverture d'hiver, en 1845. *Marton et Fron-
tin*, où elle représentait Marton, fit porter sur elle ce jugement par le journal la *Semaine* : «Après la jeune et piquante
Augustine Brohan de la Comédie-Française, nous ne con-
naissons pas de soubrette plus accorte, plus accomplie que
mademoiselle Clarisse Bonval. Elle a du naturel, de l'esprit,
beaucoup de gaieté, d'excellentes manières. Il faut espérer
que le temps ne gâtera pas ces précieuses qualités qui doivent
promptement la conduire à la rue Richelieu. »

Elle fit, et cette fois avec succès, ses nouveaux débuts aux
Français, en juillet 1847.

Mademoiselle Bonval, admise comme pensionnaire,
aborda avec zèle un grand nombre de rôles de l'ancien répertoire, et eut quelques créations dans le nouveau. Elle fut admise sociétaire en 1852, et se rendit digne de cette faveur en
redoublant de zèle et d'études. Elle tient, et elle tient avec aisance, avec naturel, même dans les pièces de Molière, quoi
qu'en ait dit le critique que nous citions plus haut, le rôle des
soubrettes du classique vieux répertoire, qu'il nous faudrait
mentionner ici tout entier à son avoir, et dans lequel elle
semble se complaire à bon droit.

NATHALIE (Mlle), dont le nom de famille est Martel, est née
à Tournan, dans la Brie. Son père tenait une modeste boutique de coiffeur dans le faubourg Saint-Antoine, où, avant
qu'elle n'abordât la carrière dramatique, on la remarquait
pour sa beauté. Mlle Nathalie parut pour la première fois, sur
un théâtre, en 1835, dans une représentation donnée à
l'Odéon par les débris de ce Théâtre nautique où les artistes
avaient à la fois à marcher sur les planches, et à nager
au milieu d'une pièce d'eau, tentative de naumachie qui ne

fut pas heureuse; elle entra ensuite au théâtre Saint-Antoine; elle y débuta dans une pièce intitulée, croyons-nous, le *Petit Caporal* ; ce modeste théâtre lui fit bientôt une réputation.

De Saint-Antoine, Mlle Nathalie passa aux Folies-Dramatiques, où *Michaëla* et la *Fille de l'Air* furent pour elle des triomphes; en 1837, elle y était la coqueluche du public qui la trouvait charmante, et qui avait bien raison en cela. Mais le Gymnase vint sans doute voisiner aux Folies; il la vit, l'entendit, l'enleva, et, en février 1838, la jeune et belle actrice débutait au théâtre du boulevard Bonne-Nouvelle par une charmante création dans un *Ange au sixième étage*. « Mlle Nathalie, disait alors le *Monde Dramatique*, est une jolie femme, pleine d'intentions. Qu'elle chante moins souvent, qu'elle articule plus posément, et elle ira bien.» Ses créations furent bientôt nombreuses, et quelques-unes, telles que *Zélia la danseuse*, et la *Cachucha*, la révélèrent non-seulement comme une actrice d'avenir, mais encore comme une ballérine fort agréable ; elle dansait la cracovienne, surtout, avec beaucoup de feu et d'animation. Le constater, ce n'est pas le reprocher.

Mlle Nathalie, belle brune, à la tournure cavalière, aux yeux de feu, inspira des passions et en inspira même de meurtrières. Tous les journaux rapportèrent, en 1839, qu'un jour un jeune avocat stagiaire, dont elle n'avait pas accueilli les assiduités, pénétra dans son domicile, en proie à une agitation qui épouvanta la mère de la jolie actrice ; puis apercevant Mlle Nathalie, qui se peignait devant une glace, il lui tira un coup de pistolet. La glace seule, fort heureusement, fut atteinte. Au père d'un jeune homme qui voulait l'épouser, elle écrivait un jour, rapportent les *Mystères des Théâtres*, pour qu'il vînt à son aide, «désespérant, disait-elle, de faire entendre raison à ce bon et aimable insensé.» Mlle Nathalie fit tourner bien d'autres têtes, têtes d'agents de change, puis têtes de baronnets lorsqu'elle abandonna le Gymnase au commencement de 1845 et se rendit à Londres. Au reste, si elle obtint chez nos voisins d'outre-Manche d'exotiques succès de beauté, elle y eut aussi de véritables succès d'actrice. Revenue en France, elle débuta au théâtre du Palais-Royal en juin 1845, par le rôle de Dorothée, de la *Pêche aux beaux-pères*. M. Lockroy, nommé directeur du Vaudeville, l'engagea ensuite comme premier rôle, et elle débuta place de la Bourse le 14 avril 1847, dans *Ce que femme veut Dieu le veut* : elle y obtint un véritable succès. Une de ses dernières créations, le *Dernier amour*, la posa en comédienne des plus distinguées. Le Vaudeville ferma et Mlle Nathalie retourna cueillir des bravos en province et en Angleterre.

Mais à la belle actrice, il fallait la grande consécration du talent, un début à la Comédie-Française ; elle, la Thalie des *titis* à Beaumarchais, aux Folies-Dramatiques, la danseuse de cachuchas et de cracoviennes au Gymnase, l'actrice, qui, au Palais-Royal, disait à Alcide Touzet : *Va donc ! Du flan !* elle se sentait comédienne ; elle monta donc hardiment, mais l'émotion au cœur, sur la scène de la rue Richelieu. C'est par le rôle de Césarine dans la *Camaraderie* qu'elle y commença des débuts continués dans *Marion Delorme* et dans une *Chaîne*. Son organe vibrant, son timbre pur, sa diction harmonieuse, de la sensibilité, de l'entraînement, la firent bien belle et bien dramatique à la fois. Son succès fut complet ; sa beauté, cependant, y entrait encore pour beaucoup.

Mlle Nathalie eut, depuis lors, d'heureuses créations à la Comédie-Française : deux fois elle y a abordé le genre tragique dans le *Testament de César* et dans *Ulysse*, mais elle y a bien vite renoncé.

En juillet 1852, Mlle Nathalie sollicita le titre de sociétaire. Le comité se réunit, et on hésitait à la recevoir ; un des juges se rendit en toute hâte chez la belle comédienne : « Mademoiselle, voulez-vous prendre l'engagement de jouer le rôle de Madame Patin dans le *Chevalier à la mode* ? » Un moment, la comédienne hésita, puis, tournant le dos à sa glace, elle répondit : « Portez de ma part au comité mes propres paroles : j'engage ma parole d'honneur que j'aborderai ce grand rôle.» Le jour même elle était sociétaire, et un an après elle jouait ce rôle si difficile de Madame Patin.

Elle prit, peu de jours après, celui d'Arsinoé dans le *Misanthrope*. Il fallait du courage à une jeune femme pour aborder de pareils emplois. Les traits marqués qui caractérisent sa physionomie servirent l'actrice dans cette occasion, et son intelligence fit le reste.

Gabrielle fut plus tard un succès pour Mlle Nathalie, à qui tout le monde ne reconnaissait pas encore cependant de réelles qualités dramatiques.

Mlle Nathalie s'est vieillie maintenant, avant d'avoir vieilli ; elle a voulu devoir son succès à elle-même bien plus qu'à cette beauté dont elle pouvait être si fière, et qui lui avait valu tant d'adorateurs. Sa réputation d'artiste a été alors en grandissant. Qui pourrait mieux qu'elle rendre la touchante résignation de cette excellente femme méconnue et asservie par ce type égoïste appelé *Maître Guérin*? qui rendrait mieux, d'après nature, cette bonne et franche physionomie de la fermière de *Par Droit de conquête,* avec cette noblesse du cœur qui se dégage si bien de ses formes rustiques, avec cet amour maternel qui dompte tous les préjugés aristocratiques contre lesquels il a à lutter? Après ces deux créations, à quoi bon en mentionner d'autres? Je puis donc en passer, et des meilleures, dans la comédie classique comme dans la comédie moderne, mais je ne saurais cependant oublier Mme Maréchal du *Fils de Giboyer.*

Mlle Nathalie, ses camarades, ses amis dans le besoin, bien des familles sans fortune ont pu l'attester à l'occasion, est une excellente camarade et un excellent cœur.

BROHAN (MADELEINE), premier prix du Conservatoire, à

l'unanimité. — Le nom de Mlle Madeleine Brohan lui ouvrait presque de droit les portes de la Comédie-Française; elles se sont refermées sur elle pour ne la point laisser s'échapper. Les *Contes de la reine de Navarre*, de M. Scribe, furent donnés exprès pour ses débuts, en octobre 1850. « Mlle Madeleine Brohan, dit alors le *Siècle*, a dix-sept ans; elle est très-belle; sa beauté est éclatante, trop éclatante peut-être pour ses dix-sept ans; elle a l'aplomb, la démarche, l'assurance d'une comédienne exercée. A-t-elle beaucoup de talent? Nous ne saurions vous le dire; nous n'avons pu entendre une note, une intonation qui ne fût de M. Scribe ou de Mme Brohan, sa mère. Nous la voulions mauvaise un petit moment; nous n'avons pas eu ce bonheur; nous lui trouvons trop de talent, c'est M. Scribe qui parle, et si vous saviez comment M. Scribe joue la comédie! C'est Mme Brohan qui joue, et vous n'avez pas oublié comment jouait cette délicieuse comédienne. Il y avait des fous dans la salle qui disaient : c'est supérieur à Mlle Rachel! Mlle Mars est remplacée! Ces gens-là sont les ennemis de Mlle Madeleine Brohan. » Un autre feuilletoniste avait trouvé, dans cette première création, Mlle Madeleine Brohan si pleine de distinction, de charme, de grâce, qu'il s'écriait que dès son entrée en scène elle s'était révélée la véritable reine de la comédie. Dans un autre feuilleton on disait : « La belle jeune fille a de l'esprit, de la tenue, du débit, de la fermeté. Que l'école s'en aille, la lourde, l'informe école, et le vol pourra être beau. Des enthousiastes maladroits condamnent déjà Mlle Brohan à remplacer Mlle Mars. C'est une rage que le remplacement, chez ces critiques; l'original les crispe, le neuf irrite leurs organes. Eh! ne remplacez personne, mademoiselle! Soyez Madeleine Brohan! Le nom que vous portez est assez beau comme cela. »

Les *Caprices de Marianne*, montés aussi pour les débuts de la jeune actrice, nous la montrèrent non moins belle, non moins charmante; dans les *Demoiselles de Saint-Cyr* elle prit le rôle de Mlle Anaïs, à côté de sa sœur qui y joua celui de Mlle Plessy, et fut-éclatante de verve.

Mlle Brohan fit une tentative plus hardie: elle aborda, en 1852, le rôle de Célimène du *Misanthrope*. Ouvrons un journal, la *Gazette de France*, et voici ce que nous y lisons à ce propos : « Mlle Brohan s'est tirée à la satisfaction générale du rôle de Célimène. La Célimène du *Misanthrope* est fort convenablement interprétée par la débutante des Français. Cet aplomb, cette sûreté dans la voix, dans le geste, qui peut-être lui manquent encore un peu, si ce sont des taches, ne seront que trop tôt effacées; le temps se chargera de porter remède à ces défauts. » La Célimène fort convenable des premiers essais est devenue depuis une Célimène accomplie. On comprend qu'Alceste soit subjugué par elle, qu'il perde presque cette fière raison qui le fait se confiner dans la solitude, pour oublier celle qu'il n'oubliera jamais, malgré les reproches que son cœur blessé peut lui adresser.

e rôle de Sylvia du *Jeu de l'amour et du hasard* fut aussi pour elle un triomphe éclatant.

Mlle Madeleine Brohan a été proclamée sociétaire de la Comédie-Française en juillet 1852; elle méritait bien cette distinction.

Mlle Madeleine Brohan est d'une beauté accomplie; sa voix est douce, caressante, mélodieuse, et rappelle souvent, à s'y méprendre, celle de sa mère. Elle a une distinction parfaite, une intelligence supérieure, un ton et un goût exquis, une grâce pleine de charme, de délicatesse, prenant tous les tons, sentant toutes les nuances, et les graduant avec un tact et une adresse merveilleux. Son regard est plein de charme. On s'est longtemps accordé à préférer la belle Madeleine Brohan dans la comédie que dans le drame. Comme elle est cependant belle et dramatique; à la fois, dans la marquise du *Lion amoureux* !

Le 7 juin 1853, Mlle Madeleine Brohan est devenue Mme Mario

Uchard. Les progrès de Mlle Madeleine Brohan, car elle est toujours Mlle Brohan pour le public, ont été continus, incessants, éclatants. Les triomphes qu'elle a peut-être d'abord dus à sa jeunesse, à sa beauté, au nom qu'elle portait, elle peut désormais les attribuer à son seul talent.

Elle aussi a fait, en 1856, sa petite fugue vers la Russie; elle nous quitta, vers le milieu de 1856; mais en 1858 nous recommençions déjà à l'applaudir dans les *Doigts de fée*. Nous l'avons vue ensuite s'appropriant avec un incontestable succès les rôles de grandes coquettes : la marquise, de la *Gageure*, la comtesse, du *Mariage de Figaro* et du *Legs*, la baronne, de la *Pluie et le beau Temps*, Marianne, des *Caprices de Marianne*, la reine, du *Verre d'eau*, Elmire, de *Tartuffe*, Mme de Liria, d'*Une loge d'Opéra*, etc., etc.

M. Hippolyte Lucas a rapporté sur Mlle Madeleine Brohan les deux anecdotes que voici : Elle avait neuf ans; elle était avec sa mère, dans une diligence qui suivait le cours du Rhône. Tout à coup le Rhône débordé atteint, soulève la voiture; un campagnard qui s'y trouvait se répand en lamentations; aux abords d'un cimetière entouré d'un chemin creux, par où l'on devait passer, il s'écrie: « C'est là que nous serons infailliblement noyés.—Parlez pour vous, lui dit fièrement la petite Madeleine, et ne découragez pas les autres; maman et moi nous savons nager. » Une autre fois, à peu près au même âge, pendant que sa mère était occupée à lire dans une chambre voisine, le feu prit à un rideau du lit de l'enfant. Sans pousser un cri, elle se leva, saisit violemment les rideaux, les arracha, les jeta tout enflammés à terre, les roula sous son oreiller, monta dessus, et lorsque sa mère effrayée accourut au bruit et la vit sur ce piédestal, elle se contenta de dire avec tranquillité : « C'est éteint. »

Qu'on nous permette de citer, en terminant, un fait des plus honorables pour Mme Madeleine Brohan : le 4 avril 1863, un capitaine de l'armée anglaise se brûlait la cervelle, dans une maison de la rue Sainte-Anne, à Paris. On trouvait, dans ses papiers, un testament olographe, écrit trois jours avant, par lequel sir James L..., le suicidé, léguait à la belle actrice la presque totalité de sa fortune. Dès qu'elle en fut informée, elle fit savoir à la famille de sir James L... qu'elle n'acceptait pas ce legs. C'était une somme d'environ 300,000 fr.

FAVART (Mlle). — Un jour, un monsieur conduisit à la Comédie-Française une toute jeune fille; celle-ci ne perdit pas un mot du spectacle, et le monsieur, à son grand étonnement, l'entendit déclamer le lendemain, avec une véritable expression dramatique, ce qu'elle avait écouté la veille au théâtre. Il y avait là une vocation bien marquée; le monsieur le comprit, et loin de chercher à contrarier cette inclination naissante, il fit entrer cette jeune fille au Conservatoire. Le monsieur s'appelait Favart; quant à la jeune fille, sa nièce, née à Beaune, elle s'appelait MARIE B***; elle prit au Conservatoire le nom de son oncle, un nom qui oblige.

Mlle Favart sortit du Conservatoire avec un prix. Au mois de mai 1848, la jeune lauréate débuta à la Comédie-Française; elle se destinait à l'emploi de jeune première, et aborda également la tragédie et la comédie. Une physionomie expressive, une jolie tournure, une diction correcte, un jeu sympathique, de la distinction, de l'intelligence, telles étaient les qualités de la jeune débutante, qui, dans le rôle de Chérubin du *Mariage de Figaro*, se montra ravissante d'espièglerie; nous la vîmes ensuite dans *Daniel*, dans *André del Sarte*.

Mais Chérubin s'envola; Mlle Favart passa aux Variétés, et y débuta le 15 novembre 1851 dans *Mignon*; elle s'y fit applaudir dans la *Petite Fadette*, dans la *Vie de Bohême*, où elle joua avec sa charmante figure, ses beaux yeux languissants et sa voix sympathique, le rôle touchant de Mimi, créé par Mlle Thuillier.

Des Variétés, la belle fugitive retourna à la Comédie-Française, où nous la retrouvons dans les ingénues ; Lélia de *Sullivan* a été pour elle un rôle heureux qu'elle a coloré d'une teinte touchante de sentimentalisme anglais ; elle montra beaucoup de distinction dans le *Sage et le Fou.*

L'ancien répertoire avait pour elle d'innombrables richesses ; elle ne les dédaigna pas, et sut en rendre les nuances avec une parfaite vérité. Elle trouva aussi sa place dans le nouveau, et Agathe, de la *Camaraderie,* Henriette de la *Fin du Roman,* Christine de *Bertrand et Raton,* Stéphane du *Chef-d'œuvre inconnu,* Bertha de *Romulus,* vingt autres rôles divers, trouvèrent en elle une intelligente interprète. Elle conquit bien vite, à force de travail, le titre de sociétaire, qui lui fut décerné le 15 juillet 1854.

Le touchante Hélène, de *mademoiselle de la Seiglière,* créée par elle, avait achevé de la mettre en relief ; Mlle Favart pouvait se reposer désormais sur cet éminent succès. Mais elle a compris que noblesse oblige, et le titre de sociétaire de la Comédie-Française constitue la noblesse des comédiens. A ses succès précédents, elle en ajoute sans cesse de nouveaux ; à quoi bon fatiguer ici nos lecteurs d'une longue nomenclature, et lui rappeler des pièces dont le titre même de beaucoup est déjà oublié ? Nous ne parlerons donc de Mlle Favart que dans les œuvres les plus récentes qui ont été sanctionnées par la faveur du public ; nous rappellerons combien, dans Fernande du *Fils de Giboyer,* elle était belle à la fois, de dédain et d'audace amoureuse ; combien elle était vraie et naturelle dans ses remords et son affection, sous les traits de Mathilde du *Supplice d'une femme,* ainsi que sous ceux de *Gabrielle,* dont elle a repris le rôle avec tant de succès. La princesse de *Fantasio* lui a fait également honneur. Dans une de ses récentes créations, le rôle de l'amante désolée, presque outragée du *Fils,* avec quelle sensibilité, quel élan naturel elle embrasse son père, et, faisant éclater dans un seul mot toute sa joie de reconquérir celui qu'elle aime, elle s'écrie : « Oh !

papa ! » Mlle Favart semble avoir, rue Richelieu, le privilége des embrassements à la fois chastes et passionnés.

Mlle Favart aborde parfois la tragédie, et je puis constater ici que, tout récemment, dans *Mithridate*, elle obtenait un de ces triomphes qui ont pour consécration es applaudissements d'une salle tout entière.

Dans son rôle d'Antonia, dans *Galilée*, sa plus récente création, où elle a de si pathétiques élans, son triomphe n'a pas été moindre.

DUBOIS (Mlle ÉMILIE), élève de Beauvallet au Conservatoire, a débuté rue Richelieu, en février 1853, dans *Lady Tartuffe*. Le *Constitutionnel* accueillit sa venue en ces termes : « Mlle Dubois a l'âge de son rôle, seize ans, et elle a naturellement toute la grâce, tout le charme, toute la naïveté du personnage. C'est une véritable ingénue, la plus parfaite que nous ayons encore rencontrée... Voilà donc une jeune fille jeune ! elle est pétulante, rieuse, vive, à la façon de l'écureuil. Voyez-la grignoter ses mots... Puis, l'enfant disparaît et le cœur monte tout à coup au regard, au front, aux lèvres : la jeune fille se laisse voir dans sa grâce et sa sensibilité. La Comédie-Française a mis la main sur un trésor, un précieux trésor de jeunesse et de talent. Le début d'une pareille actrice vaut mieux que dix pièces nouvelles. »

Mlle Emilie Dubois commença à se mettre en relief dans sa charmante création de *la Joie fait peur* ; sa jolie tête blonde et enfantine était admirablement encadrée dans ce touchant tableau de famille. A ses débuts, tout le monde avait reconnu en elle une des fraîches et belles espérances de la Comédie-Française ; elle a confirmé avec éclat ces prévisions. Les rôles où il faut de la douceur, de l'abandon, vont bien à sa taille mignonne ; elle sait se les approprier, en leur donnant un cachet de naïveté vraie, aimable, qui n'exclut point toujours une rieuse malice. Mlle Dubois semblait créée tout exprès pour l'Agnès de l'*Ecole des Femmes*; Molière a dû la rêver. Elle a, dans *Tartuffe*, cette tendresse résignée qui sied si bien à la timide Marianne. Les rôles si bien tenus autrefois par Mlle Anaïs ne lui messeyent pas, et, dans *Don Juan d'Autriche*, Peblo est, sous ses traits, un fort sympathique enfant. Chérubin, du *Mariage de Figaro*, semble modelé sur elle. Le *Duc Job* a été pour elle l'occasion de succès incontestés.

Mlle Emilie Dubois n'avait que dix-neuf ans, quand elle fut proclamée sociétaire de la Comédie-Française, le 1er avril 1856; elle a toujours justifié, depuis, cet hommage précoce à son mérite.

M. Félix Savart, dans les *Actrices de Paris*, rapporte qu'Anaïs, la regrettée Anaïs Aubert, de la Comédie-Française, ayant vu jouer Mlle Emilie Dubois, se serait écriée : « Ma chère enfant, vous êtes un miroir où je me revois à vingt ans! »

Que de jolis rôles ont été joliment rendus par cette blonde et fraîche ingénue, notamment Henriette des *Femmes savantes*, Victoria du *Philosophe sans le savoir*, *Au Printemps*, *Faute de s'entendre*, et tant d'autres encore que j'aurais à citer...

GUYON (Mme ÉMILIE). — Le 28 mars 1840, débutait, au théâtre de la Renaissance, dans une œuvre, aujourd'hui oubliée, de Casimir Delavigne, *la Fille du Cid*, une grande et belle jeune fille, disant bien le vers, ayant de l'âme, de l'élan, mais encore tout inexpérimentée; c'était Mlle Emilie Guyon, la cousine et plus tard la femme de Guyon, cet acteur qui, après des succès aux boulevards, à la Renaissance et à la Comédie-Française, est mort, jeune encore, et regretté de tous ceux qui l'ont connu et apprécié.

La débutante obtint un succès d'enthousiasme.

Mlle Emilie Guyon, qui avait alors dix-neuf ans (elle est née en octobre 1821, à Bascy-en-Plaine, dans la Côte-d'Or), avait d'abord été ouvrière en broderie; puis, poussée par le démon dramatique, elle s'était exercée sur un tout petit théâtre de société, l'école de déclamation et de débit animé du père Thierry, faubourg Saint-Antoine ; elle était entrée au Conservatoire, dont elle sortit avec la pension d'encouragement ; enfin, elle avait mis les pieds sur les scènes de la banlieue, et y avait joué quatre fois.

La Renaissance morte, Mlle Guyon débuta, le 7 juin 1841, à la Comédie-Française, rôle de dona Sol d'*Hernani* ; elle s'y montra ensuite dans Eudoxie de *Vallia*, dans *la Fille du Cid*, importée rue Richelieu, dans *le Dernier Marquis*, et dans quelques anciens rôles tragiques, Emilie de *Cinna*, Eryphile d'*Iphigénie*, etc. Après environ deux années passées rue Richelieu, Mlle Guyon s'en échappa sans regret, dirions-nous presque, pour aller prendre à l'Ambigu la succession de Mme Théodorine Mélingue, qui entrait en ce moment à la Comédie-Française.

Mlle Guyon y aborda après elle le rôle de Madeleine dans *Madeleine*, sans l'imiter en rien, y apportant sa propre nature dramatique, et elle y obtint un succès aussi grand, aussi mérité que sa devancière. C'était au mois de mars 1843, et Mme Guyon est demeurée au même théâtre jusqu'à la fin de 1853.

Elle sut en peu de temps, dans de nombreuses créations, exciter tant de sympathie, qu'on ne la jugeait plus ; on se bornait à l'applaudir. Véritable comédienne, elle déployait dans ses rôles une dignité contenue et frémissante, une énergie émouvante, majestueuse, un sentiment profond, une passion ardente, et, quand il le fallait, une mélancolie, une poésie, un charme qui la montrèrent souvent superbe, admirable, et la firent, à bon droit, considérer comme la plus remarquable actrice de Paris pour le drame moderne ; aussi la plaçait-on immédiatement après Rachel dans l'échelle dramatique.

« Mme Guyon, écrivait alors M. Théophile Gautier dans *la Presse*, est décidément la reine du boulevard par droit de légi-

time conquête. Belle d'une beauté splendide, elle suffirait à
porter le poids du drame. Grandeur calme, geste noble, force
reposée, elle sait donner à la robe de bure du mélodrame po-
pulaire les plis augustes du péplum tragique. Il y a je ne sais
quoi de tranquille et de superbe dans la majesté de son atti-
tude et dans l'émotion de sa voix ; des effets naturels, justes et
sentis, rien de hurleur, de faux, ni de criard : une héroïne
de Diderot en visite chez Corneille. Elle attire et elle captive,
par la franchise, l'énergie et la sympathique cordialité de son
jeu. »

C'est à la fin de 1853, après avoir obtenu un succès des plus
éclatants dans la *Dame de la Halle,* que Mme Guyon a définitivement quitté l'Ambigu pour la Porte-Saint-Martin, où el'e
a débuté le 22 mars 1854.

Le véritable triomphe de Mme Guyon, à la Porte-Saint-Martin, ce fut le *Fils de la nuit.* Qu'elle y était belle de frémisse-
ments maternels ! Elle y avait des élans de tigresse, à la re-
cherche de ses petits, dans cette grande scène entre les deux
mères qui émouvait les spectateurs que la belle
mise en scène du vaisseau.

La svelte jeune fille du théâtre de la Renaissance était devenue une femme virile, dont la prestance se prêtait parfaitement aux âpres accents du drame; elle trônait en reine aux
boulevards. La Comédie-Française voulut la faire trôner dans
le domaine tragique. Mme Guyon, admise d'emblée comme sociétaire le 1er octobre 1854, débuta peu après, dans *Rodogune*;
elle ne crut pas devoir, après Rachel, représenter ces jeunes
héroïnes de Corneille et de Racine, à la passion et au langage
acérés ; elle préféra y déployer ses qualités acquises dans des
personnages plus marqués, et elle y prit, dans ce genre, la
première place. Le drame, disparaissant de plus en plus de la
rue Richelieu, ne lui en laissa pas d'autre, et la tragédie ne
faisant plus que de rares apparitions, avec ses terreurs mesu-
rées et ses morts violentes, nous devons regretter de ne la voir

qu'à des intervalles de plus en plus éloignés dans l'ancien répertoire des grands maîtres. Elle le rend avec cette fière majesté qui est dans toute sa personne. Elle vient de montrer, dans *Galilée*, qu'elle savait donner un cachet de bonhomie, de comique et de simplicité à son personnage, elle qui semble taillée pour toutes les colères du drame.

Je dois mettre à son avoir, parmi ses rôles, assez nombreux déjà, de la Comédie-Française, dans la tragédie : Agrippine, de *Britannicus*, *Mérope*, Livia de *Cinna*, *Athalie*, et, pour la comédie, la marquise du *Philosophe sans le savoir*, Arsinoé du *Misanthrope*, Philaminthe des *Femmes savantes*, Mme Argante de la *Mère confidente*, Mme Murer d'*Eugénie*, de Beaumarchais, Mme Désaubier, de *la Joie fait peur*, les *Caprices de Marianne*, *Un Fils*.

Mme Guyon s'est remariée ; elle a épousé le frère de Mme Arnoult Plessy, M. Mathieu Plessy, qui cultive avec ardeur la science si aride et à la fois si attrayante de la chimie.

Mlle **JOUASSIN** est une des recrues que la Comédie-Française a prises au Conservatoire, où, sous l'œil de Samson son maître, elle brillait à côté de Mlle Madeleine Brohan. Le 17 décembre 1851, elle jouait, aux Français, le rôle de Céphise dans *Andromaque* ; le 18 janvier suivant, elle, qui avait vingt ans à peine, elle abordait l'emploi des duègnes, et jouait Arsinoé du *Misantrophe*. Elle a conservé, malgré son âge, cet emploi auquel elle a condamné son jeune visage, et elle nous a reproduit tour à tour Philaminte des *Femmes savantes*, Mme Argante de l'*Epreuve nouvelle*, Marceline du *Mariage de Figaro* ; on l'a remarquée dans quelques pièces du répertoire moderne, *Adrienne Lecouvreur*, (la marquise), le *Cœur et la dot*, Mme Pernelle du *Tartuffe*, dans le *Voyage d Dieppe*, dans le *Fils*.

Artiste sérieuse dans ces rôles ingrats qui ont pour apanage les rides et les cheveux gris, auxquels elle s'est prématurément vouée, Mlle Jouassin est sociétaire de la Comédie-Française depuis le 1er janvier 1863.

Pour elle aussi nous pourrions mentionner une multitude de rôles et de créations où on l'a vue constamment progresser. Nous pouvons, parmi ceux qui la mettent plus actuellement en lumière, citer celui de la marquise dont elle rend si bien les tenaces préjugés dans *Par droit de conquête*.

Mlle Jouassin aurait pu prendre sa retraite après dix années de bons services comme pensionnaire et comme sociétaire; mais le comité de la Comédie-Française a demandé récemment au ministre des Beaux-Arts, qui s'est empressé de l'accorder, que le sociétariat de Mlle Jouassin fût prolongé de dix nouvelles années. Ses camarades, on le voit, savent l'apprécier.

VICTORIA LAFONTAINE (Mme). — *L'Illustration* rendant compte, vers le milieu de mars 1857, des *Comédiennes*, pièce que venait de représenter le théâtre du Gymnase, disait : « Une très-jeune actrice, Mlle Victoria, a beaucoup d'intelligence et montre de belles dispositions, en attendant mieux. » D'où venait cette toute jeune personne que le rôle de Fernande des *Comédiennes* commençait à mettre en relief? On contait, à ce propos, une mystérieuse histoire : on disait qu'elle ne connaissait ni son père, ni sa mère; ceux-ci l'avaient, dès son bas âge, confiée à de braves gens qui ne les auraient plus vus. L'enfant abandonnée était devenue l'enfant de la maison; elle rendait à ses parents adoptifs toute l'affection qu'elle en avait reçue. —Aujourd'hui, en effet, ils doivent à sa reconnaissance la maison qu'ils habitent, l'aisance qui est venue leur sourire.

Et cependant, la lettre de faire part à l'occasion du mariage de Mlle Victoria avec M. Lafontaine, mariage qui fut célébré en l'église de Saint-Eugène, le 23 février 1863, était ainsi conçue : « M. et Mme Valous ont l'honneur de vous faire part du mariage de Mlle Victoria Valous, *leur fille*, etc. » Mlle Victoria avait-elle retrouvé ses oublieux parents, après ses succès de comédienne?

Mais revenons au point de départ; la petite Victoria, dès qu'elle fut en âge de travailler, apprit la couture; elle était à Lyon dans un atelier où l'on parlait plus d'une fois théâtre; en effet, le mari de la couturière donnait des leçons de décla-mation dramatique; la jeune apprentie voulut en prendre, et un beau jour, bien craintive, elle affronta la rampe lyonnaise. Mme Gustave Lemoine (Loïsa Puget) la vit alors, elle en fut tellement enchantée, qu'elle engagea M. Montigny, son beau-frère, à l'appeler au Gymnase, ce qui fut fait.

A un biographe lui demandant des renseignements, Mme Victoria Lafontaine répondait par cette charmante lettre que nous nous approprierons, nous aussi :

« Monsieur,

« Vous me demandez quelques renseignements qui vous permettent de faire ma biographie. Elle a été faite bien des fois à mon insu, et toujours au point de vue du roman; car ma vie a été si simple qu'elle prête peu à pareil sujet.

« C'est M. Gustave Lemoine, frère de M. Montigny, et sa chère femme Loïsa Puget, qui m'ont fait entrer au Gymnase. J'y suis entrée presque enfant; j'ai été accueillie par M. Montigny et Mme Rose Chéri avec la plus exquise bonté. Pour leur prouver ma reconnaissance, j'ai beaucoup travaillé. Le ciel m'a bénie comme artiste, et aussi comme femme, puisqu'il m'a fait rencontrer mon mari. Voilà ma vie, monsieur; vous voyez qu'elle peut être intéressante pour les miens, mais fort peu pour le public. »

Mme Victoria Lafontaine nous permettra-t-elle de lui dire qu'elle se trompe dans sa modestie? Le public aime assez, et ce n'est point pour tout le monde une puérile curiosité, à savoir d'où sont sortis ceux qui sont arrivés à se placer haut dans son estime. Mlle Victoria y est arrivée, non-seulement comme

comédienne, comme une de nos plus candides, de nos plus
suaves ingénues, mais encore comme jeune fille, comme jeune
femme; elle a une de ces auréoles qu'on envie; eh bien, l'on
aime à savoir combien elle a coûté de peines, quels sentiers
ardus il a fallu parcourir pour la conquérir. Tout intéresse
dans l'officier de fortune, dès ses premiers pas; pour l'officier sortant de l'école, on ne s'en inquiète qu'à partir de sa
promotion. Donc, nous ne demandons pas leur passé aux lauréats du Conservatoire, cette école de Saint-Cyr de l'art dramatique d'où l'on sort avec l'épaulette; mais nous le demandons sympathiquement à ceux qui ont dû passer par tous les
grades inférieurs de la scène.

' Mais revenons au Gymnase : la jeune Victoria avait fait
remarquer sa grâce, sa candeur, son charme sympathique
dans *Yelva*, reprise pour elle, et où elle avait débuté à quinze
ans. Elle eut bientôt ses créations à elle. *Cendrillon*, *Paméla
Giraud*, *Piccolino*, Marguerite des *Ganaches*, la si touchante et
si dévouée jeune fille du *Gentilhomme pauvre*, Clémence de
la *Maison sans enfants*, la *Femme qui trompe son mari*, Amélie
du *Démon du jeu*, furent pour elle de brillantes étapes dont
chacune la rapprochait de plus en plus de la Comédie-Française. Je ne ne dois pas oublier non plus, ici, les *Petites lâ-
chetés*. — Je ne parlerai que pour mémoire de l'apparition
temporaire faite par Mlle Victoria à la Porte-Saint-Martin, où
elle vint jouer le rôle de Marie, de la *Grâce de Dieu*.

C'est après son mariage avec M. Lafontaine que Mlle Victoria
a fait son entrée triomphale rue Richelieu, le 26 février 1864,
en reprenant, dans *Il ne faut jurer de rien*, le rôle primiti-
vement créé par Mlle Luther (Cécile). Voici ce que disait de ce
début M. de Pène dans la *Gazette des Étrangers* : « Ça n'a pas été
un début, mais une fête; ça n'a pas été un succès, mais un
triomphe, — et quand on l'a eu bien applaudie, cette charmante femme, cette adorable actrice, le public l'a applaudie
encore, par trois fois, interrompant la représentation, et cou-

pant net la parole aux comédiens; — et puis encore il l'a rappelée tout d'une voix, et il a fallu qu'elle vînt, tout émue et toute joyeuse, recevoir les témoignages sonores de la gratitude des spectateurs.

« *Elle est charmante! Elle est charmante! Elle est charmante!*

« Je croirais presque, si cela était possible, que Mme Victoria a encore plus de talent, de charme et de grâce qu'à l'époque où elle était la joie et l'orgueil du Gymnase. Dans tout le rôle de Cécile, — une perle fine tombée un jour de la plume d'or d'Alfred de Musset, — elle a été parfaite. Elle a une grâce pudique, une naïveté fine, une innocence enjouée et une sensibilité exquise, qu'on ne trouverait nulle part... Pour jouer Cécile, elle n'a eu qu'à demeurer elle-même, à entrer, à marcher, à parler comme elle entre, parle et marche naturellement. Cécile, c'est l'incarnation de Mme Victoria, pressentie par le plus humain des poëtes. Elle ne pouvait pas n'être pas parfaite. »

Depuis, nous avons pu applaudir tour à tour, en elle, la naïve Agnès de l'*Ecole des femmes*, la résignée Marianne de *Tartuffe*, la rusée Rosine du *Barbier*, Victorine du *Philosophe sans le savoir*, Caroline de *Péril en la demeure, Henriette Maréchal*, ce jeune marquis, un peu étourdi dans son amour romanesque, de l'*Œillet blanc*, Loysa de *Gringoire*, sa dernière création, jusqu'à présent. Partout et toujours, Mme Victoria Lafontaine s'est montrée à la fois et charmante actrice et charmante femme.

RIQUER (Mademoiselle ÉDILE) est élève du Conservatoire, où elle obtint, en 1850, un accessit d'opéra-comique. Elle fut engagée au Gymnase au sortir de cet établissement.

A propos de son entrée à ce théâtre, un grand journal rapportait, en novembre 1850, l'anecdote que voici : Au moment de l'engagement, M. Montigny se fit présenter l'acte de naissance. « Mais, s'écria tout d'un coup le directeur, ce n'est pas un jeune premier que j'engage, c'est une ingénue qu'il me faut. Que veut dire ceci? serais-je victime d'une mystification?» A cette apostrophe, la pauvre petite Edile se met à trembler de tous ses membres, puis elle se trouve mal; on accourut du théâtre; ses compagnes lui prêtèrent secours, M. Montigny s'empressa comme les autres, et tout fut bientôt expliqué pour chacun. Par une erreur vraiment incroyable de l'employé de l'état-civil, l'acte de naissance de mademoiselle Edile Riquer portait ces mots: *enfant du sexe masculin.*

Mademoiselle Riquer, une fois l'erreur de son état civil bien constatée, débuta, avec beaucoup de gentillesse, le 6 novembre 1850, en créant le rôle d'Adèle dans les *Petits Moyens*: c'est une jolie personne aux cheveux très-noirs, à la peau très-blanche, à la main bien faite, à la taille élégante; son organe est doux et agréable, son jeu sage et distingué, et elle dit bien.

Après de nombreuses et bonnes créations au Gymnase, mademoiselle Edile Riquer est entrée, le 13 mai 1856, comme pensionnaire, à la Comédie-Française, qu'elle n'a plus quittée; elle a su, dans nombre de rôles de l'ancien répertoire, conquérir une bonne place parmi ses camarades, et dans le *Jeu de l'Amour et du Hasard* ce n'est point une Sylvia vulgaire. Elle a abordé aussi, à la satisfaction des spectateurs les plus difficiles, quelques rôles un peu secondaires des œuvres modernes. Madame Talien était fort séduisante sous ses traits dans le *Lion amoureux.*

PONSIN (Mlle Z.) est élève du Conservatoire. C'est en 1860 qu'elle entra à la Comédie-Française, par la grande porte du concours. Jolie femme et excellente comédienne, Mlle Ponsin aborda l'emploi des coquettes, qui lui seyait à ravir. Elle l'a si bien et si heureusement tenu, que le sociétariat lui a été décerné le 1er janvier 1867.

Mlle Ponsin, qui, pendant son séjour au Conservatoire, s'était exercée et aguerrie sur de toutes petites scènes, notamment à Saint-Marcel, avait fait, — la presse le constata, — une bonne entrée au Théâtre-Français. Ce premier pas n'est pas le plus difficile; mais, après les trois rôles sacramentels des débuts auxquels on s'est depuis longtemps préparé, il faut en aborder, en créer d'autres, et là est souvent l'écueil.

On vient de voir que Mlle Ponsin l'a franchi vigoureusement. Elle a joué un peu de tout, depuis sept ans qu'elle est rue Richelieu, où elle s'est fait sa place petit à petit. Ainsi dans la tragédie, où ses belles épaules supportent parfaitement le costume romain, nous l'avons vue dans le rôle de Junie, d'*Horace*. Le même jour nous la montrait majestueusement coquette sous les traits de la comtesse du *Legs*.

Parmi ses rôles les plus importants, je citerai Floride d'*Une Tempête dans un Verre d'eau*; Lucrèce, du *Menteur*; les *Deux Veuves*; Louison, d'*Un Mariage sous Louis XV*; Mme de Larcey, du *Supplice d'une femme*; la vivandière Cérès du *Lion amoureux*; Nicole de *Gringoire*; — je ne parlerai pas de *Galilée*, où son rôle n'en est pas un; mais je dirai qu'il faut surtout voir Mlle Ponsin, dans Juliette d'*Oscar*, dans l'*Œillet blanc*, et surtout dans la *Pomme*, où elle a créé avec une incontestable supériorité ce rôle de Cypris, pour lequel elle semblait toute taillée.

PENSIONNAIRES

DE

LA COMÉDIE FRANÇAISE

MM. :

MIRECOURT (M. CHARLES-ACHILLE TRANCHANT DE) est le doyen de MM. les pensionnaires de la Comédie-Française, où il compte trente-cinq ans de bons services. Il commença sa carrière dramatique en courant la province avec une troupe dirigée par M. Victor, puis il entra à la Comédie-Française qu'il quitta, en 1832, après y avoir joué les amoureux, les marquis, les rôles sacrifiés. Après quelque temps passé à Rouen, il revint rue Richelieu, où il tient fort bien sa place. M. Mirecourt a de l'intelligence, de la tenue, du goût; c'est un acteur zélé et modeste qui connaît les bonnes traditions et s'est fait souvent applaudir. L'homme au sonnet du *Misanthrope*, et sa dernière création, le mari dans *Un cas de conscience*, lui ont fait surtout beaucoup d'honneur.

On a remarqué, aux expositions de peinture, des paysages de lui qui sont fort estimés.

CHÉRY (JEAN-JULES). — M. Chéry a pris le théâtre en 1843; après une année passée à la banlieue, il est entré au Conser-

vatoire, dans la classe de Beauvallet. Il a débuté en mai 1846
à l'Odéon sous le nom d'Etienne, dans les rôles assez opposés
de Tartuffe et d'Oreste ; quelques jours après, le 1er juin, il
entrait à la Comédie-Française, qu'il ne quitta que pour
accompagner Rachel dans ses pérégrinations; il était, en effet,
l'un des pivots de ce que l'on appelait la troupe de Rachel,
et la grande artiste l'honorait de son estime et de son amitié.

M. Chéry, depuis vingt ans et plus qu'il est à la Comédie-
Française, y a tenu à peu près tous les emplois : amoureux,
premiers rôles, financiers, etc.; il double maintenant M. Maubant dans les pères nobles et les raisonneurs. Mais c'est bien
plus dans le répertoire tragique, nous apparaissant encore
de temps à autre comme un hommage funèbre rendu au
passé, que dans la comédie et le drame moderne, où ses rôles
sont si souvent effacés, qu'il faut apprécier M. Chéry. Quand
il chausse le cothurne, qu'il soit Thésée ou Hippolyte, Cinna ou
Pharnace, Ulysse ou Théramène, M. Chéry tient bien sa place
dans cet admirable ensemble que nous offre toujours, en
tous les genres, la scène de la rue Richelieu.

BARRÉ (LÉOPOLD), fils d'un libraire de Paris, est né dans la
capitale le 14 avril 1819. Séminariste d'abord, Léopold Barré
abandonna la soutane pour le théâtre, et, en 1839, il vint
s'exercer à la banlieue. La même année, il entrait au Panthéon,
où il joua, jusqu'en 1841, les comiques et les grimes. Barré
demeura ensuite cinq ans à l'Odéon. C'est là que sa réputation
commença à s'établir; c'est là qu'elle devait s'étendre plus
tard. Barré y joua avec succès l'emploi difficile des paysans du
vieux répertoire, les comiques chargés.

Alexandre Dumas prit Barré à l'Odéon, l'essaya à Saint-
Germain et le fit entrer au Théâtre-Historique.

Du Théâtre-Historique, Barré passa aux Folies-Dramatiques,
où il est demeuré deux ans. Les habitués de cet heureux
théâtre se souviendront toujours de lui dans la *Nièce du Per-*

cepteur, *Paris qui s'éveille, une Bonne pâte d'homme*, et surtout dans *la Chanvrière*, où il créa un rôle de paysan avec une vérité si originale.

Le 11 janvier 1851, Barré entra à la Porte-Saint-Martin. M. Royer, directeur de l'Odéon, eut le bon esprit de l'y aller chercher. Il se fit alors remarquer dans les personnages secondaires, et si amusants, des comédies de Molière, tels que Jodelet des *Précieuses*, le maître de musique du *Bourgeois gentilhomme*, Lubin du *Médecin malgré lui*, M. de Pourceaugnac, Agnelet de l'*Avocat Patelin*, et dans le rôle de Jean Bonnin, de *François le Champi*, de Georges Sand.

Barré a franchi, en 1858, le pas si difficile souvent à faire, qui sépare l'Odéon du Théâtre-Français; ses débuts datent de septembre 1858, et depuis lors il a su conquérir, dans l'ancien et le nouveau répertoire, une place des plus honorables.

Barré a la rondeur, l'habileté, la sagesse d'un artiste de mérite; pour lui il n'est pas de petits bouts de rôle.

GARRAUD. — M. Eugène Garraud est né à Besançon en 1830. Placé à Saint-Mihiel (Meuse), chez un de ses oncles horloger, il suivit comme externe les cours du collége de cette ville; aux distributions de prix, où il trouvait sa part de palmes universitaires, il déclamait avec enthousiasme des scènes tragiques.

Une troupe d'acteurs de Bar-le-Duc, dirigée par M. Gastier, vint jouer à Saint-Mihiel; le jeune externe suivit ses représentations avec un intérêt que les beaux yeux d'une actrice rendaient très-vif; puis, quand M. Gastier et ses pensionnaires quittèrent Saint-Mihiel, M. Garraud, entraîné par l'amour de l'actrice ou par celui de l'art, par les deux à la fois peut-être, disparut, renonçant à ses études, à son oncle, à Saint-Mihiel.

Pendant deux ans, M. Garraud, brouillé avec sa famille et devenu artiste nomade, s'essaya dans le modeste emploi des bouche-trous, des troisième ou quatrième utilités; il affrontait la rampe pour remettre une lettre au premier sujet, il pouvait se rassasier à son aise de la vue de la jeune actrice qui l'avait arraché à ses premières études ; il était heureux !

Au mois de juin 1848, nous vîmes M. Garraud au Mans, dans la troupe de M. Daiglemont, où il jouait avec assez d'aisance les jeunes premiers. Du Mans, M. Garraud est passé à Reims, de Reims au Havre, du Havre à Versailles, et enfin de Versailles à Paris. M. Garraud a débuté en avril 1854, au Gymnase-Dramatique, dans le rôle d'Armand du *Fils de famille*, où il avait contre lui le souvenir de Bressant qui ne lui a pas été trop désavantageux.

Après quatre années de séjour au boulevard Bonne-Nouvelle, M. Garraud est arrivé rue Richelieu, où il tient dans la comédie, dans la tragédie parfois, et aussi dans le nouveau répertoire, l'emploi souvent sacrifié des amoureux et des jeunes premiers.

M. Garraud est jeune, il a de la verve, de l'élégance, un physique agréable ; il a profité de l'excellente école à laquelle il se trouve.

GUICHARD (GABRIEL), lauréat du Conservatoire ; il y obtint, en 1846, le deuxième prix de tragédie.

M. Guichard entra d'abord à l'Ambigu-Comique, où il débuta le 25 août 1847 dans le rôle de Frantz de Blutow du *Fils du Diable* ; il y montra de la chaleur, de la distinction ; on lui trouvait cependant alors la mâchoire un peu lourde.

M. Guichard, après avoir fait son stage dramatique à l'Ambigu, au théâtre du Cirque et à la Porte-Saint-Martin, et parfois aussi dans la banlieue, car en avril 1851 nous lui avons vu jouer au modeste théâtre de Batignolles Fabio du *Doute et la Croyance*, débuta à la Comédie-Française, le 6 août 1851, dans le rôle de Xipharès de *Mithridate* : il y joua les amoureux de comédie et de tragédie : ainsi Hippolyte dans *Phèdre*, Britannicus dans la pièce de ce nom, Valère dans le *Dépit amoureux*,

Léandre dans l'*Etourdi*, Clitandre dans le *Misanthrope*, Pythias dans *Pythias et Damon*, etc. « M. Guichard, en disait un journal que nous avons sous les yeux, est un petit amoureux qui a de l'avenir. » Il faut cependant le dire ici; bien que l'on reconnût chez ce jeune acteur de l'intelligence, il n'obtenait alors rue Richelieu qu'un assez médiocre succès. Aussi le quitta-t-il, pour affronter à l'Odéon le public souvent difficile du quartier Saint-Germain et du pays latin. Il y débuta à la réouverture de 1854, en créant les rôles de Noréa d'*Amour et Caprice*, de Tornilh du *Vicaire de Wakefield*.

M. Guichard aborda ensuite les grands rôles, Néron dans *Britannicus*, Achille dans *Iphigénie en Aulide*, *Œdipe*, et le passable amoureux de comédie se révéla tout à coup sous un jour tout nouveau et tout à fait à son avantage.

« Quand M. Guichard était pensionnaire de la rue Richelieu, disait alors M. Th. Muret, son ambition n'osait dépasser le rôle de l'amant de Junie : à l'Odéon, la carrière s'élargissant devant ses pas, il n'a pas craint d'aspirer plus haut, et nous pouvons dire que le succès a couronné son audace. Par son âge et par son physique, M. Guichard nous représente bien Néron tel que le prend la tragédie de Racine. Son organe est bien timbré, sa prononciation est ferme et bien accentuée. Dans ses rôles précédents, M. Guichard s'était trop laissé entraîner par un excès d'ardeur : dans Néron,— et c'est d'un favorable augure,—il a su se retenir, se régler ; sous ce rapport, il ne lui reste plus qu'à modérer, dans quelques sorties, une certaine exubérance de gestes. Son jeu a révélé d'intelligentes études. Dans la grande scène du quatrième acte, il n'a pas oublié la tradition léguée par Talma, quand Néron, fatigué, ennuyé des reproches de sa mère, passe entre ses doigts impatients la broderie qui entoure son col. Dans la dernière scène du même acte, quand Narcisse irrite avec une si perfide adresse le dépit haineux et la colère de Néron, il a eu de fort bons effets d'expression et de pantomime. Que M. Guichard continue de travailler, et je suis convaincu qu'il se posera d'une manière avantageuse. »

M. Guichard a continué de travailler ; il a acquis la diction soignée, le jeu correct, l'élan, l'âme qui semblaient lui manquer d'abord. Il pouvait désormais revenir à la Comédie-Française, et y prendre sa place. C'est ce qu'il a fait.

M. Guichard a fixé son domaine dans la tragédie ; il est tout à fait à l'aise chez les Grecs et les Romains, avec lesquels il s'est surtout identifié. Si nous voyons en lui Curiace dans *Horace*, nous le retrouvons Horace dans *Horace et Lydie*. Il porte beaucoup moins souvent l'habit de ville dans la comédie et le drame, où il n'est d'ailleurs jamais déplacé, que la tunique de la vieille Rome, le casque des héros hellènes. C'est un des vaillants lieutenants de la tragédie, cette grande délaissée d'aujourd'hui.

GIBEAU. — M. Gibeau obtenait, en 1846, un accessit au Conservatoire. Puis, on le vit s'essayer, s'exercer pendant plusieurs années sur les scènes de banlieue ; le public de Montmartre l'avait en grande prédilection, en 1854. Un peu plus tard, il entra à l'Odéon, où la tragédie devint son domaine. Nous y avons vu, sous ses traits, la plupart des personnages tragiques du vendredi, et, en dernier lieu, il y obtint un succès que les journaux constatèrent dans le rôle de Néron d'*Une Fête de Néron* et dans le rôle de Macduff, de *Macbeth*. Il était alors engagé par anticipation à la Comédie-Française, où il est entré en 1863, continuant à chausser le cothurne et à porter la tunique antique. Récemment encore, on pouvait le remarquer dans le rôle de *Cinna*.

VERDELET (C.) — M. C. Verdelet est, lui aussi, un élève du Conservatoire ; il est le fils d'un excellent comédien, d'un pensionnaire que la Comédie-Française a perdu récemment, et qui y comptait plus de dix années d'honorables services. M. Verdelet fils obtenait, au concours de 1863, un second prix de comédie. Peu après, le 13 août, il débutait par *Athalie*, rôle d'Azarias ; Lagrange, des *Précieuses ridicules*, puis Octave, du *Bonhomme Jadis*, furent abordés ensuite par lui, et bien abordés. M. Verdelet fils, marchant à petit bruit sur les traces de son père, s'est peu à peu insinué dans l'ancien répertoire, où il tient l'emploi modeste des amoureux : c'est ainsi que nous l'avons vu nous représenter Mario du *Jeu de l'amour*, Cléante, du *Malade imaginaire*, Horace, de l'*Ecole des femmes* et Frédéric dans *Au Printemps*. Nous l'avons vu aussi se couvrir de la pourpre de Britannicus.

SEVESTE. — M. Seveste est le fils d'un des frères Seveste qui ont si longtemps dirigé les théâtres de la banlieue ; son père a été directeur de la Comédie-Française, puis du Théâtre-Lyrique. Entré au Conservatoire, il y a été élève de Regnier ; il est sorti avec le premier prix de cette école normale dramatique, et a débuté, en 1864, à la Comédie-Française, où il tient l'emploi des valets. Ses débuts ont été remarqués. M. Seveste joue quelquefois des rôles plus importants que les bouts de rôles qui lui sont confiés dans les œuvres nouvelles : la *Ciguë* nous le prouvait récemment. M. Seveste possède la *vis comica* à un assez haut degré pour qu'on puisse affirmer qu'il fera son chemin.

SÉNÉCHAL. — M. Sénéchal sort du Conservatoire dont il a été un des lauréats ; c'est un débutant qui commence, et qui commence bien.

PRUD'HON. — M. Prud'hon a débuté à la Comédie-Française, en 1865, dans les *Comédiens*, de Casimir Delavigne. Elève de Regnier, au Conservatoire, il y avait obtenu un accessit de comédie au plus récent concours. Les parents de M. Prud'hon tenaient le petit café du petit théâtre de Latour d'Auvergne ; c'est là que la vocation dramatique l'a pris, et on a pu le voir, tantôt portant son tablier blanc de jeune garçon de café, tantôt s'exerçant à l'Ecole lyrique. M. Prud'hon a de la prestance, un physique agréable, il sait se tenir à la scène; on n'hésite pas à lui confier, rue Richelieu, des rôles qui ne sont pas tout à fait secondaires.

MASSET. — M. Masset est une des jeunes pousses de cette pépinière d'amoureux sortis du Conservatoire, où la Comédie-Française s'est si souvent et si heureusement recrutée. Il a débuté, en vertu de son second prix de comédie, tout récemment, en août 1866, dans le rôle assez effacé d'Eurysthène, d'*Atrée et Thyeste*. Il avait aussi obtenu au Conservatoire, où il était élève de Mlle Augustine Brohan, un accessit de comédie, ce qui fit alors quelque peu murmurer le public qui trouvait qu'il méritait mieux. M. Masset commence ses campagnes; il saura conquérir ses grades, à la pointe du dialogue ou de l'hémistiche.

BOUCHER. — M. Boucher est, lui aussi, un des jeunes et récents lauréats du Conservatoire, où il était élève de Regnier. Les applaudissements du public y sanctionnèrent la décision du jury en sa faveur. Il est de taille à devenir un excellent amoureux. Les portes de la Comédie-Française se sont ouvertes pour lui, en 1866; attendons-le à l'œuvre, à présent, et applaudissons sans réserve à ses premiers pas.

FEBVRE (FRÉDÉRIC). — M. Febvre est, au moment où nous écrivons, le dernier venu à la rue Richelieu; hâtons-nous de dire qu'il n'y est pas le plus mal venu. Nous l'y avons vu accomplir ses débuts dans le rôle de Philippe II (19 septembre 1866), de *Don Juan d'Autriche*, dans celui de Georges Bernard, de *Par droit de Conquête*, et enfin dans celui de Bernard de Stampli de *Mademoiselle de la Seiglière*. C'était bien plutôt là une prise de possession d'une place laborieusement conquise, que des débuts. M. Febvre pouvait, dès son premier pas, se considérer comme chez lui, sur notre première scène.

D'où venait M. Febvre? en dernier lieu du Vaudeville, ce que tout le monde savait; avant, de l'Odéon, qui l'avait pris à la Gaîté;—avant la Gaîté, M. Febvre avait passé successivement par l'Ambigu-Comique, puis par Beaumarchais, et par la Porte-Saint-Martin. Les étapes de la rue Richelieu ont été, on le voit, longues et rudes pour lui.

M. Aurélien Scholl a biographié M. Febvre, dans le *Figaro-Programme*. Il nous apprend qu'il est né en 1834; que son père, officier d'administration, n'était pas riche; que le jeune Febvre, pour première profession, aborda l'emploi de saute-ruisseau, chez un huissier, à raison de vingt-cinq francs par mois. Mais cette fabuleuse rémunération passant à l'état de mythe, le petit clerc ne s'amusa pas à mettre son patron en demeure de s'exécuter; il lui tira sa révérence. M. Febvre était musicien,—et aujourd'hui quelques-unes de ses compositions musicales lui ont valu des décorations étrangères. — Il utilisa ses petits talents, en devenant le petit chef du petit orchestre d'un petit théâtre de société : 70 francs par mois d'appointements, sans compter le casuel — les partitions à copier. Dieu sait si ce casuel était lourd! Néanmoins, M. Febvre traçait avec plus de cœur des croches et des doubles croches sur le papier réglé, que des *parlant à* sur le papier timbré.

Comment, de son pupitre, a-t-il passé sur la scène? M. Scholl nous le dit en ces termes :

« Un soir que le *Mari de la veuve* était affiché, on s'aperçoit, au moment du lever du rideau, que l'amoureux est absent.

« — On cherche, on appelle, rien !

« Febvre, jetant son archet, s'élance sur la scène, en disant : Je sais le rôle, et je vais le jouer.

« Le succès fut grand et mérité. A l'issue de la représentation, un souper fut offert à l'amoureux improvisé, et le comédien d'aventure fut sacré comédien émérite.

« Febvre fut aussitôt engagé pour le Havre. »

Cet engagement était une fortune pour le jeune artiste ; mais cette fortune avait son revers. Le directeur fit faillite, et il fallut regagner Paris, léger d'argent, mais riche d'espérances.

Je ne mentionnerai pas ici les bouts de rôles, soigneusement appris, joués par M. Febvre à son passage à l'Ambigu, à la Porte-Saint-Martin, à la Gaîté, mais je constaterai qu'à Beaumarchais les grands rôles étaient pour lui ; les habitués de ce théâtre se rappellent encore M. Febvre dans le *Mauvais Gars*, dans *André le mineur*.

C'est à l'Odéon, où Fechter le fit engager, que M. Febvre établit sans conteste sa réputation. Le rôle de Célestin, dans le *Testament de César Girodot*, y fut un de ses plus brillants succès. Une petite apparition à l'Ambigu, où il créa Piccolet, de la *Maison du pont Notre-Dame*, interrompit un instant ses services d'outre-Seine. M. Febvre jouait un peu de tout, à l'Odéon, quand le Vaudeville l'engagea, pour les *Mariages de Paris*, de M. Edmond About. C'est le 5 juillet 1861 qu'il y débuta.

M. Febvre y eut de bonnes, d'heureuses créations dans la *Frileuse*, l'*Attaché d'ambassade*, *Nos intimes*, où il avait le rôle si long et si difficile de Maurice, le *Vrai courage*, les *Plantes parasites*, *Un duel sous Richelieu*, les *Brebis de Panurge*, la *Germaine*, le *Mariage d'Olympe*, les *Ressources de Quinola*, le *Roman d'un jeune homme pauvre*, le *Drac*, la *Jeunesse de Mirabeau*, la *Belle au Bois dormant*, *Jean qui rit*, *M. de Saint-Bertrand*, où il aurait suffi à sauver la pièce, si la pièce avait pu être sauvée, les *Deux Sœurs*, et, enfin, la *Famille Benoiton*.

Je constaterai, en passant, que pendant un de ses repos, place de la Bourse, M. Febvre alla créer, au square des Arts-et-Métiers, le rôle capital de la *Maison du Baigneur*.

Attendons maintenant M. Febvre dans l'ancien répertoire ; ici encore, son passé répond de son avenir. Il s'y est, en effet, essayé maintes fois à l'Odéon.

MONTET a tenu l'emploi de grime, de père noble, à l'Odéon; il a débuté à la Comédie-Française, en juillet 1847, et il y tient depuis cette époque, avec une parfaite convenance, l'un des emplois les plus humbles et les plus difficiles, celui des pères et des utilités.

TRONCHET, ancien acteur de la banlieue, joue également les utilités.

MASQUILLIER, chef des comparses, est également un des vieux serviteurs de la Comédie-Française; il y joue aussi des bouts de rôle de valets.

—

MESDAMES :

Mme ARNOULT PLESSY. — Jeanne Sylvanie Plessy est née à Metz en 1819. Son père était comédien; elle n'eut qu'à chasser de race. Elle joua pour la première fois chez Firmin : une alcôve tint lieu de théâtre, pour ces débuts en famille; elle entra ensuite au Conservatoire où elle reçut les leçons de Michelot et de Samson. Pendant ses études on put l'entendre, dans le rôle de Valérie, au petit théâtre de société de la rue de Lancry; M. Thiers et M. Cavé allèrent l'y voir, et lui accordèrent la pension d'encouragement.

Le 13 mars 1834, Mlle Plessy débutait aux Français dans le rôle d'Emma de la *Fille d'honneur*; puis, elle joua l'*Hôtel garni*; la salle tout entière lui décerna une ovation dans laquelle sa beauté avait bien sa part. La débutante n'était pas encore bien familiarisée avec les planches, car un journal de l'époque lui reprochait alors de ne savoir pas encore marcher. Néanmoins, M. Scribe avait écrit pour elle *Une Passion secrète*. Elle créait ensuite *Mademoiselle de Montmorency*, de Rosier, puis elle jouait avec succès dans le *Bourru bienfaisant* et le *Philosophe sans le savoir*. Sa réputation s'était faite si vite et si grande, que le bruit en était arrivé jusqu'à Saint-Pétersbourg, d'où on lui fit de superbes propositions; la toute jeune comédienne les refusa et en fut récompensée par le titre de sociétaire qui lui fut décerné en novembre 1836.

Mlle Plessy, dont on célébrait partout la beauté, mais à qui, cependant, la critique reprochait quelques habitudes de minauderie seyant mieux aux coquettes qu'aux ingénues, attachait son nom à presque toutes les œuvres importantes qui se produisaient dans la maison de Molière; je mentionnerai ici notamment la *Camaraderie*, la *Marquise de Senneterre, Julie, Isabelle*, les *Indépendants, Faute de s'entendre*, l'*Ambitieux*, un *Mariage raisonnable*, une *Famille au temps de Luther* où elle était si jolie, le *Comte de Saint-Germain*, puis, plus tard, la *Calomnie*, les *Serments*, le *Verre d'eau*, un *Mariage sous Louis XV*, *Mademoiselle de Belle-Isle*, une *Chaîne*, les *Demoiselles de Saint-Cyr, Chacun de son côté*, la *Tutrice*, l'*Héritière*, etc.

Elle ne dédaignait pas, non plus, d'attaquer l'ancien répertoire, elle le faisait cependant avec une certaine réserve. Ainsi, nous l'avons vue, en 1837, dans le rôle d'Arsinoé du *Misanthrope*, où elle ne prit celui plus magistral de Célimène qu'en 1841; en 1840, elle joua celui de *Valérie*, et M. Rolle, un critique assez difficile, en disait alors : « Mlle Plessy ne s'est pas contentée d'être jeune et jolie, — cela lui était trop facile, — elle a demandé à son talent un autre succès, le succès de l'actrice après celui de la belle jeune fille. Eh bien, cet autre succès, Mlle Plessy l'a obtenu; elle a eu de la grâce et du goût, de l'élégance et du cœur. » Les *Fâcheux, Un Jeune Ménage*, les *Comédiens*, les *Deux Gendres*, le *Portrait vivant*, la *Jeune Femme colère* avaient été ou furent pour elle de nouvelles occasions de triomphes. Elle demeurait toujours l'enfant gâtée du public, sinon de la critique. Celle-ci avait parfois, pour elle, certaines sévérités dont elle ne tardait pas à se relâcher. Ainsi, le journal l'*Artiste*, constatant qu'elle avait joué la *Course*

clocher avec une verve extrêmement gracieuse, en belle personne, élégante et distinguée, lui disait qu'elle n'avait pas été aussi heureuse dans le personnage de Clorinde de *Don Juan d'Autriche* : « Mlle Plessy, disait-il, est faite pour les rôles de comédie facile, mélangée d'un peu de sentiment. Voilà ce qui convient à ses yeux vifs et doux, à sa bouche en cœur si fraîchement épanouie. Les grands éléments du drame l'accablent, l'orage courbe les fleurs. »

Mlle Doze était alors entrée aux Français; on prétendit que Mlle Plessy était jalouse de la gracieuse élève de Mlle Mars; si c'était vrai, cette jalousie ne fit qu'exciter son émulation. On la vit, en effet, aborder *Tartuffe*, et représenter Elmire, entreprise que l'on trouva hardie, mais assez heureuse; un peu plus tard elle prit le rôle créé par Mlle Mars dans les *Suites d'un bal masqué.*

Nous étions alors à la fin de 1845. La Comédie-Française fit un jour un relâche inattendu. Pourquoi? La belle Jeanne Plessy, devenue la femme d'un homme de lettres, M. Arnoult, venait de s'engager à Saint-Pétersbourg et de partir pour la Russie où elle avait, disait-on, un engagement de six ans, à 65,000 francs par an, plus 20,000 pour rachat de congé, appointements qui furent, dit-on, portés en 1848, à 70,000 roubles.

Mlle Plessy laissait une place qui ne fut pas prise. La Comédie-Française intenta un procès à la belle fugitive et le gagna.

Fort heureusement pour nous, ni la Comédie-Française, ni Mme Arnoult-Plessy ne se sont gardé rancune : Après s'être acquittée des dommages-intérêts accordés par la justice à ses camarades, Mme Arnoult-Plessy vint, de Saint-Pétersbourg à Paris, tout exprès pour jouer le rôle d'Araminthe dans les *Fausses confidences*, à la représentation de retraite de son maître Samson, représentation de retraite qui ne fut pas la bonne, ou pour mieux dire, la vraie, la regrettable. L'accueil enthousiaste et

mérité qu'elle y reçut lui fit comprendre que sa **véritable pa-**
trie dramatique était encore son berceau, et qu'il fallait qu'elle
y revînt.

C'est en 1855, que Mme Arnoult-Plessy a fait sa rentrée
chez elle, rue Richelieu, par le rôle d'Elmire dans *Tartuffe*
L'Illustration en disait alors :

« Au Théâtre-Français, la rentrée de Mme Arnoult-Plessy a
été fêtée comme une victoire nouvelle sur la Russie, qui l'a-
vait gardée dix ans. L'aimable revenante a joué Elmire, non
pas tout à fait à la façon de Mlle Mars, la grande, l'inimitable,
mais à la façon Plessy, et c'en est assez pour être enchanté!
Elle y a mis beaucoup de tenue et de retenue, et toute sa
fine intelligence, et tout son esprit qui pétille, et toute sa
beauté qui rayonne. »

Les *Fausses confidences*, la *Ligne droite*, une *Chaîne*, *Lady*
Tartuffe, *Joconde*, Ketty Bell de *Chatterton*, où l'on a pu dire
d'elle : « Mlle Plessy sait donc pleurer, elle qui nous a tant
charmés, » l'*Aventurière*, tout récemment reprise par elle, le
Bougeoir, la *Maison de Penervan*, *Il faut qu'une porte soit ouverte*
ou fermée, le *Legs* (la comtesse), nous l'ont montrée tour à tour.

Ses dernières créations ont été dans le *Fils de Giboyer*, dans
Maître Guérin, dans *Henriette Maréchal*, dans *Un cas de con-*
science. Ceux qui reprochaient, il y a vingt ans, à Mlle Plessy
de n'être point faite pour les élans du drame, seraient bien
obligés de changer d'avis s'ils avaient vu Mme Arnoult dans
l'éphémère *Henriette Maréchal* où elle était si pathétique et si
dramatique. Mme Plessy a l'élégance, la finesse de jeu, la grâce,
la douceur et la dignité du maintien qui conviennent aux coquettes. Depuis son retour elle est entrée, pour nous, dans un
répertoire nouveau, où sa physionomie s'est métamorphosée,
sans que ce soit à son désavantage ni au nôtre. Qui pourrait
égaler la délicatesse de son jeu dans cette scène, dans cette
miniature, plus belle que bien des grands portraits, intitulée
Un Cas de Conscience?

FLEURY (Mlle MARGUERITE-EMMA). — Née à Paris, de parents
créoles, orpheline à quatre ans, recueillie par sa tante,
Mme Fleury, artiste peintre, élevée en Angleterre, Mlle Fleury,
qui a reçu des conseils de Mme Moreau-Sainti, et qui est l'élève
de Regnier, s'est essayée pour la première fois le 18 décembre
1852, à l'Ecole lyrique, devant nos notabilités littéraires et
artistiques. Elle a été immédiatement engagée à Londres, d'où
elle est venue à l'Odéon ; puis elle a fait en Hollande, avec
M. Regnier, une excursion où elle a obtenu dans la comédie
des applaudissements à côté du maître. Engagée au Gymnase,
elle y a débuté dans les *Petits moyens.*

Mlle Fleury tient à présent, depuis le 13 mai 1856, l'emploi
toujours délicat des ingénues à la Comédie-Française ; la première place y est prise, aussi Mlle Fleury se résigne-t-elle à
paraître sur le second plan, ce qu'elle fait fort honorablement,
notamment dans le *Feu au couvent.*

ROYER (Mlle MARIE).—A débuté, à la Comédie-Française, le
21 septembre 1858. Elle y tient fort honorablement l'emploi
des amoureuses, et, au besoin, des jeunes premières ; elle le
prouvait tout récemment dans le *Dernier quartier* (Jeanne),
dans la *Métromanie* (Lucile), *Par droit de Conquête* (Alice),
l'*Aventurière,* les *Projets de ma tante,* la *Volonté.*

DEVOYOD (Mlle). — Mademoiselle Devoyod est une grande
et belle personne ; le diadème antique n'est point trop lourd
pour son front. C'est en 1857 que Mlle Devoyod, sortie du
Conservatoire avec le premier prix de tragédie, fit son apparition à l'Odéon ; elle y passa deux années pendant lesquelles
elle se familiarisa de plus en plus avec le répertoire tragique,
auquel elle s'était exclusivement vouée.

Le 28 janvier 1859, Mlle Devoyod passait de la rive gauche
à la rive droite, et reprenait à la Comédie-Française quelques-
uns des grands rôles où l'on se souvenait de Rachel. La jeune
tragédienne fit preuve de bonne volonté, disons mieux, de

talent; mais la comparaison était et sera encore là pendant longtemps. La place de Rachel sur le piédestal antique est toujours inoccupée.

« Mlle Devoyod, disait M. Charles de Mouy dans la *Revue Française*, est touchante, surtout dans le rôle d'Andromaque; elle porte assez bien la draperie antique; elle a dans la voix des notes voilées, et dans sa manière de dire le sens de ces douleurs augustes exprimées par les poëtes. »

Phèdre, Agrippine de *Britannicus*, Emilie de *Cinna*, Camille d'*Horace*, *Esther*, Hermione, Josabeth d'*Athalie*, *Rodogune*, Elisabeth des *Enfants d'Edouard* sont au nombre des fleurons dramatiques de Mlle Devoyod. Elle a abordé aussi, mais fort rarement, le domaine de la comédie, où nous nous souvenons l'avoir vue dans *Fiammina*, et dans le rôle d'Angélique de la *Mère confidente*.

DIDIER (Rosa). Mlle Rosa Didier est, depuis plusieurs années déjà, à la Comédie-Française, où elle tient assez souvent des rôles de soubrettes. Mlle Rosa Didier avait joué avant avec succès le rôle de la soubrette dans l'*Autographe*, au Gymnase dramatique.

GRANGÉ (PAULINE).— Mademoiselle Pauline Grangé est née à Paris; elle est petite-fille d'un magistrat et fille d'un notaire; elle a reçu une excellente éducation, est bonne musicienne et a eu pour professeur de chant Bouché. Mademoiselle Grangé étudia pour être institutrice et prit même son diplôme; mais ne pouvant pas, à la suite de revers de fortune essuyés par sa famille, acheter un pensionnat, elle prit le parti d'entrer au Conservatoire.

Elle se présenta pour être admise dans les classes de chant; mais celles-ci étaient complètes; alors, guidée par Beauvallet, son maître, elle aborda les Célimène, et entra dans les classes de comédie. Elle fut reçue à l'unanimité, et M. Romieu, alors chef de la direction des Beaux-Arts, qui assistait à son exa-

men, lui dit : « Vous en savez autant en entrant ici, mademoiselle, que les autres quand ils en sortent. » Le lendemain,
mademoiselle Grangé était avisée qu'elle avait ses entrées à la
Comédie-Française, ce qui ne s'accorde d'habitude qu'aux
élèves ayant obtenu la pension.

Mademoiselle Pauline Grangé était désignée à l'avance par
l'opinion publique, au Conservatoire, comme devant rem-
porter le premier prix de comédie ; mais, atteinte d'une bron-
chite, elle dut le quitter trois mois avant les examens.

Engagée à l'Odéon quelque temps avant la réouverture de
septembre 1853, mademoiselle Grangé s'était déjà, avant
d'aborder la scène du faubourg Saint-Germain, essayée
cinq ou six fois, soit à Senlis et à Versailles, avec Beauvallet,
soit à Batignolles.

Elle débuta simultanément dans *Tartuffe* et dans le *Jeu de
l'amour et du hasard*. Une diction pure, l'art de marcher en
scène et de s'y tenir, le talent d'écouter, et ce qu'on pourrait
appeler le jeu du silence ; pour parler, un organe sympathique ;
pour sourire, l'œil mutin et la mine provoquante ; pour
marcher, une jambe bien faite ; pour se tenir en scène, une
taille svelte et une cambrure élégante, telles furent les qualités qu'on reconnut à Mlle Grangé, qui se tira fort bien des
deux rôles si divers de Dorine et de Lisette.

Mademoiselle Grangé prit à l'Odéon l'emploi des soubrettes
alertes, accortes, éveillées, et elle le tint avec honneur ; cela
ne l'empêcha point d'aborder les rôles de dame et de demoiselle, comme dans l'*Honneur et l'Argent*, où elle déployait
tant de grâce et de sensibilité, dans *Que dira le monde ?*

Mademoiselle Pauline Grangé progressa constamment depuis ses débuts, et beaucoup marquèrent dès lors sa place à
la Comédie-Française.

Elle l'y a prise en août 1856, où, dans *Tartuffe*, elle fut
une Dorine très-éveillée, et elle s'y est constamment montrée avec succès dans cet emploi des soubrettes de l'ancien

répertoire, qui exige de si franches allures. Nous l'y avons souvent vue avec plaisir, et applaudie avec justice, comme tout récemment dans le *Joueur,* où elle a obtenu un succès franc et mérité.

Mademoiselle Grangé a épousé M. Métrême qui, après avoir été son compagnon d'armes à l'Odéon, a obtenu lui aussi des succès sur nos diverses scènes.

DESCHAMPS (Mlle ROSE) double, depuis quelques années, les amoureuses à la Comédie-Française.

TORDEUS (Mlle JEANNE), est née à Bruxelles, le 24 décembre 1842, d'une famille honorable de la bourgeoisie; elle a trois sœurs artistes. Elle se passionna, dès sa plus tendre enfance, pour le théâtre classique, et les œuvres de Racine et de Corneille furent en quelque sorte les livres où elle apprit à lire. Sa famille luttait contre ce penchant décidé, lorsque, en 1853, Rachel vint donner des représentations à Bruxelles. On lui présenta la jeune Tordeus alors âgée de dix ans, à qui elle fit réciter tous les grands rôles tragiques que celle-ci avait appris seule; elle les dit assez juste pour intéresser vivement celle qui s'y connaissait si bien.

La grande tragédienne fit promettre à l'enfant de la venir voir à Paris. Puis, deux ans après, pendant un nouveau séjour à Bruxelles, elle se souvint d'elle et elle fit demander *sa jeune rivale,* comme elle se plaisait à l'appeler. De ce moment la famille de Mlle Tordeus ne s'opposa plus à la vocation de la jeune fille qui entra au Conservatoire de Bruxelles, et en sortit, à l'âge de quatorze ans, remportant le prix d'honneur.

C'est alors qu'elle vint à Paris où elle ne devait plus trouver celle qui, quelques années plus tôt, lui avait donné rendez-vous. Elle entra au Conservatoire, dans la classe de Provost. Elle le quitta à dix-sept ans, remportant encore un 1er prix à l'occasion duquel la municipalité de Bruxelles lui offrit tous les classiques du Théâtre-Français, reliés aux armes de la ville.

Mlle Tordeus débuta dans le *Cid*, à l'Odéon, le 14 janvier 1861. Elle joua le rôle de Chimène où elle fut vivement applaudie et l'on put pressentir qu'elle était faite pour une autre scène.

En effet, au mois de mars de l'année suivante, elle débutait au Théâtre-Français où le public lui fit aussi bon accueil.

Depuis, Mlle Tordeus a conservé une place honorable à ce théâtre où elle est toujours prête à jouer au pied levé tous les rôles, jeunes ou vieux, comiques ou tragiques. — Ses camarades ne s'en plaignent pas, — ni le public non plus, ce qui vaut encore mieux. C'est spécialement à la tragédie que s'est consacrée la jeune Bruxelloise.

Mlle **DINAH-FÉLIX**, est la plus jeune des sœurs de Rachel. Elle reçut les leçons de Desmousseaux. Après s'être fait applaudir dans des rôles d'enfant, à la Comédie-Française, où les vieux habitués se rappelleront l'avoir vue, en 1847, dans le rôle de la petite Louise du *Malade imaginaire* et au Gymnase, elle fut engagée au théâtre de la Gaîté, en janvier 1853. Elle prit le rôle d'Evangelina dans la *Case de l'Oncle Tom*, et le joua, disait alors la critique théâtrale de la *Presse*, avec une grâce ingénue, une onction enfantine, et une ardeur de prosélytisme très-intelligemment comprise et rendue. Celle des *Débats* prodiguait à son tour l'éloge, à propos de *Marie Rose*, à cette enfant de la tribu de Rachel, « qui dit si juste et si vrai, avec le geste, avec l'accent. » A propos de ce rôle de Mignonne qu'elle créait dans *Marie Rose*, la *Presse* en disait encore : « C'est la plus charmante promesse d'actrice qui soit en train de s'épanouir et ce petit bouton fait honneur à sa glorieuse tige. »

En 1854, Mlle Dinah-Félix accompagna sa sœur à Saint-Pétersbourg.

Elle est entrée ensuite à l'Odéon, dans l'emploi des soubrettes, puis au Vaudeville, où elle a créé, dans les *Lionnes pauvres*, le personnage de Séraphine ; de là, elle est venue prendre place à la Comédie-Française; dans sa taille toute mignonne, elle a toute la vivacité, tout l'entrain de son emploi. L'ancien répertoire nous la montre et nous la fait applaudir beaucoup plus souvent que le nouveau ; elle se montre fort gentille dans un bout de rôle de *Par droit de conquête*.

LLOYD (Mlle). — Une toute jeune et tout agréable coquette, parfois aussi ingénue, amoureuse au besoin. Sortie elle aussi du Conservatoire, Mlle Lloyd est entrée tout droit à la Comédie-Française; nous l'y avons vue abordant, en 1863, sans trop de défaveur, le rôle écrasant de Célimène; nous avons aussi, plus tard, trouvé en elle une sémillante Agathe dans les *Folies amoureuses*, une très-agréable Lucile dans le *Dépit*, une piquante Rosine dans le *Barbier*. Mlle Lloyd tient honorablement sa place dans le répertoire.

BARETTA. — Mlle Baretta est une de nos jeunes élèves du Conservatoire, où la Comédie-Française a été la chercher pour lui confier, jusqu'à présent, de modestes rôles d'utilités, de secondes soubrettes.

RAMELLI. — Mlle Ramelli est arrivée à la Comédie-Française en passant par le Gymnase et par l'Odéon, où elle était encore, naguère, en 1865. Elle a débuté dans le *Verre d'eau*.

ANGELO. — Mlle Angelo obtint, en 1865, au Conservatoire où elle était élève de Regnier, un premier prix de comédie, et un second prix de tragédie. C'est une fort jolie personne. Elle a pris, au Théâtre-Français, une de ces places à la suite, auxquelles ont droit les lauréats et les lauréates, et dans lesquelles ils font en quelque sorte leur stage. Un de ses rôles les plus importants, après celui de *Valérie*, dans lequel elle débuta vers la fin de 1865, est celui de Céline, qu'elle a repris dans la *Comédie à Ferney*. C'est dire qu'elle tient l'emploi des amoureuses. Elle nous a aussi représenté Hippolyte de la *Ciguë*.

MARQUET (Mlle DELPHINE), qui vient d'être réengagée à la Comédie-Française, a débuté dans le corps de ballet de l'Opéra, où nous l'avons vue, entre autres, dans le rôle chorégraphique de l'abbesse de *Robert le Diable*, et elle y a tenu avec succès une place importante. Elle y obtint bien des triomphes, et cependant, un jour, la danseuse se faisait actrice, et Mlle Marquet débutait aux Variétés en juin 1846, par le rôle de Louise dans la *Baronne de Blignac*; elle eut d'heureuses créations, où elle se montra adorable de coquetterie; on ne parla que de son élégance, de sa figure fraîche et rose, de sa bonté pour les malheureux : nous pourrions citer d'elle des traits fort honorables de bienfaisance.

Mlle Marquet a débuté à la Comédie-Française le 31 mai 1851, dans la *Fin du roman*. Elle y a, alors, joué fort rarement.

Elle est ensuite revenue à d'autres théâtres, et naguère encore nous avons pu constater, au Gymnase, la distinction de son jeu, notamment dans les *Trois Maupin*, et, plus tard, dans les *Jurons de Cadillac*.

Il n'y a pas longtemps que Mlle Delphine Marquet a fait sa rentrée à la Comédie-Française, où elle tient fort bien, elle aussi, l'emploi des coquettes.

Nous allions oublier de dire que Mlle Marquet manie habilement le pinceau; elle est, on le voit, artiste à plusieurs titres.

SOULIÉ (Mlle), double les duègnes à la Comédie-Française, où elle est venue de la province il y a quelques années déjà. Elle a souvent, dans l'ancien et le nouveau répertoire, des rôles importants, et sait les interpréter comme il faut.

DUQUESNOIS (Mlle). — La petite Camille Duquesnois, fille d'un ancien acteur, qui tient à Paris une classe de déclamation, joue les rôles d'enfant avec une grâce et une ingénuité qui promettent déjà beaucoup pour l'avenir.

FIN.

TABLE ALPHABÉTIQUE

—

FIN DE LA TABLE ALPHABÉTIQUE.

Paris. — Typographie Walder, rue Bonaparte, 44.

CATALOGUE

DE

N. TRESSE

SUCCESSEUR DE

J.-N. BARBA

PALAIS-ROYAL, GALERIE DE CHARTRES, Nᵒˢ 2 ET 3

Septembre 1864

LES DEMANDES

AU-DESSUS DE 25 FRANCS SERONT ADRESSÉES FRANCO EN PROVINCE

LE MONTANT SERA SUIVI EN REMBOURSEMENT

Les Timbres-Poste seront acceptés en payement des demandes
peu importantes.

CHOIX DE PIÈCES

FACILES A JOUER EN SOCIÉT:

AVEC L'INDICATION DU NOMBRE DE PERSONNAGES

LE GENRE ET LE THÉATRE SUR LEQUEL ELLES ONT ÉTÉ JOUÉES

IMPRIMÉES DANS DIVERS FORMATS

Pièces à un seul personnage.

	Hommes.	Femmes.	Théâtres.
La dernière Nuit d'André Chénier, 1 acte............	1	»	Porte-St-Mart
Les Économies de Cabochard, 1 acte.................	1	»	Palais-Royal.
Vision du Tasse, 1 acte en vers....................	1	»	Porte-St-Mart
Chatterton mourant, 1 acte en vers.................	1	»	Porte-St-Mart
La Lanterne de Diogène, 1 acte en vers.............	1	»	Porte-St-Mart
Sous Clé, vaudeville, 1 acte. (Déjazet)...........	»	1	Palais-Royal.
Scapin tout seul, comédie, 1 acte.................	1	»	Vaudeville.
Voyage autour de ma Chambre, vaudeville, 1 acte......	»	1	Porte-St-Mar
Théodore, vaudeville, 1 acte......................	1	»	Variétés.
L'Amour pris aux cheveux, 1 acte..................	1	»	Palais-Royal.
Une Femme qui ne vient pas, 1 acte...............	1	»	Variétés.

Pièces à deux personnages.

	Hommes.	Femmes.	Théâtres.
Passé Minuit, vaudeville, 1 acte....................	2	»	Vaudeville.
Marton et Frontin, comédie. 1 acte, en vers......	1	1	Th.-Français
Défiance et Malice, comédie, 1 acte, en vers.........	1	1	Th.-Français
Un Bas bleu, vaudeville, 1 acte....................	1	1	Variétés.
L'Intendant comédien malgré lui, comédie. 1 acte......	2	»	Variétés.
Jeanne d'Arc en prison...........................	1	1	Porte-St-Mar
Indiana et Charlemagne, vaudeville, 1 acte.........	1	1	Palais-Royal
Les Travestissements, opéra-comique, 1 acte.........	1	1	Opéra-Comi
Dieu et Diable, vaudeville, 1 acte.................	»	2	Vaudeville.
L'Enseignement mutuel, vaudeville, 1 acte..........	1	1	Palais-Royal
Un Homme seul, vaudeville, 1 acte................	1	1	Délassement
Il faut qu'une porte soit ouverte ou fermée, com., 1 a..	1	1	Th.-Français
Après le Bal....................................	1	1	Gymnase.
Bonsoir voisin, opérette.........................	1	1	Lyrique.
La Boîte secrète, folie-vaudeville..................	2	»	Vaudeville.
Le bout de l'an de l'amour.......................	2	»	Gymnase.
C'était Gertrude, comédie........................	1	1	Vaudeville,
Les Deux Aveugles, opérette......................	2	»	Bouffes.
Les Deux Pêcheurs, opérette......................	2	»	Bouffes.
En manches de chemise, vaudeville................	1	1	Palais-Roya
Entre hommes, pochade...........................	»	2	Folies-Dram
Les Fourberies de Nérine, comédie en vers.........	1	1	Vaudeville.
Jour de Blanchisseuse, vaudeville.................	1	1	Gaîté.
A la belle étoile, vaudeville, 1 a.................	1	1	Folies.
Un Mari dans du coton...........................	1	1	Variétés.
La Mort du Pêcheur, comédie-vaudeville..........	1	1	Palais-Roya
Polkette et Bamboche, vaudeville.................	1	1	Folies.
Roméo et Marielle, vaudeville....................	1	1	Palais-Roya
Soufflez-moi dans l'œil, pochade.................	2	»	Variétés.
Sous un bec de gaz, scènes de la vie nocturne.........	1	1	Variétés.
L'Antichambre en amour........................	1	1	Délassemen

1

	Hommes	Femmes	Théatres
Gloire et Perruque, 1 acte	1	1	Porte-St-Martin.
Mieux (le) est l'ennemi du bien, vaudeville, 1 acte	2	»	Palais-Royal.
Abondance de bien... 1 acte	1	1	Champs-Élysées

Pièces à trois personnages.

	Hommes.	Femmes.	Théatres
Le Ménage de Rigolette, vaudeville, 1 acte	2	1	Folies-Dramat.
Les petits Péchés de la grand'maman	1	2	Folies-Dramat.
Les Papillottes de M. Benoist, opéra comique, 1 acte	2	1	Opéra-Comique.
Les trois Péchés du diable, vaudeville, 1 acte	1	2	Gymnase.
Les deux vieilles Gardes, opérette	3	»	Bouffes.
Passiflor et Cactus, vaudeville, 1 acte	3	»	Bouffes
Angélina, 1 acte	2	1	Gymnase.
La Résolution inutile, comédie, 1 acte	2	1	Français.
Une Morale au cabaret, vaudeville, 1 acte	3	»	Délassements
On demande des domestiques	3	»	Folies.
Le Violoneux, opérette	2	1	Bouffes.
Un Monsieur et une Dame, vaudeville, 1 acte	1	2	Vaudeville.
Michel et Christine, vaudeville, 1 acte	2	1	Gymnase.
L'Héritière, vaudeville, 1 acte	2	1	Gymnase.
Mémoires d'un Colonel, vaudeville, 1 acte	1	2	Gymnase.
Le Dîner de Madelon, vaudeville, 1 acte	2	1	Variétés.
Le Phare de Breat, vaudeville, 1 acte	2	1	Gymnase.
Le Roman d'une heure, comédie, 1 acte	1	2	Théâtre-Français
Le Secret du Ménage, comédie, 3 actes, en vers	1	2	Théâtre-Français.
Le Caprice, comédie, 1 acte	1	2	Théâtre-Français
Brutus, lâche César, vaudeville, 1 acte	2	1	Gymnase.
Un jeune Homme pressé	3	»	Palais-Royal.
La Liste de mes Maîtresses, vaudeville, 1 acte	2	1	Gymnase.
Le Mari du bon temps, vaudeville, 1 acte	2	1	Gymnase.
Caliste, vaudeville 1 acte	2	1	Gymnase.
Un Page du Régent, vaudeville, 1 acte	2	1	Gymnase.
Doute et Croyance, drame, 1 acte	2	1	Odéon.
Les Baisers, comédie, 1 acte	2	1	Odéon.
Les Mémoires de deux jeunes Mariées, vaudeville, 1 acte.	2	1	Palais-Royal.
Shakspeare amoureux, comédie, 1 acte, en vers	1	2	Théâtre-Français.
Livre III, chapitre Ier, comédie, 1 acte	2	1	Odéon.
Le Marin, ou les deux Ingénues, comédie, 1 acte	1	2	Vaudeville.
Le Bonhomme Jadis, comédie, 1 acte	2	1	Théâtre-Français.
Mademoiselle Bernard, vaudeville, 1 acte	2	1	Gymnase.
Karel Dujardin, comédie, 1 acte, en vers	2	1	Odéon.
La Créole, vaudeville, 1 acte	2	1	Gymnase.
Discrétion, vaudeville, 1 a	2	1	Gymnase.
Le Piége, vaudeville, 1 a	2	1	Vaudeville.
Amour et mystère, vaudeville, 1 a	2	1	Vaudeville.
Le Villageois qui cherche son veau, vaudeville, 1 a	2	1	Variétés.
La dernière Idole, drame	2	1	Odéon.
La Dinde truffée, vaudeville	2	1	Vaudeville.
Dos à dos, comédie	1	2	Variétés.
La Dot de Mariette, vaudeville	2	1	Variétés.
Femme qui perd ses jarretières, vaudeville	2	1	Palais-Royal
Mamz'ell' Rose, vaudeville	1	2	Variétés.
Un Mari brûlé, vaudeville	1	2	Folies-dramat.
Un Mari en 150, comédie-vaudeville	1	2	Variétés.
Les Virtuoses du pavé, opérette, 1 a	2	1	Bouffes.
L'Ami François, comédie-vaudeville	2	1	Variétés.
L'Avocat du Diable, comédie	2	1	Palais-Royal.
Nisus et Euryale, comédie-vaudeville	2	1	Variétés.
On demande une Lectrice	2	1	Palais-Royal.
Reculer pour mieux sauter, proverbe	2	1	Palais-Royal.
Risette, comédie	1	2	Gymnase.
Rose de Saint-Flour, opérette	2	1	Bouffes.
Tambour battant, comédie-vaudeville	1	2	Vaudeville.

	Hommes	Femmes	Théâtres
Toute seule, comédie	2	1	Variétés.
Un Tyran domestique, vaudeville	2	1	Variétés.
La Veuve aux Camélias, scènes de la vie parisienne	1	2	Palais-Royal.
Ce que vivent les Roses, comédie-vaudeville	1	2	Palais-Royal.
Cerisette en prison, comédie-vaudeville	1	2	Palais-Royal.
Ce scélérat de Poireau, comédie-vaudeville	2	1	Variétés.
Un Cheveu blanc, comédie	1	2	Gymnase.
Chez une petite Dame, comédie	1	2	Palais-Royal.
Colombe et Pinson, 1 a	2	1	Palais-Royal.
Monsieur boude, vaudeville, 1 a	2	1	Palais-Royal.

Pièces à quatre personnages.

	Hommes	Femmes	Théâtres
La Seconde année, vaudeville, 1 acte	3	1	Gymnase.
Rodolphe, vaudeville, 1 a	2	2	Gymnase.
La Polka, vaudeville, 1 a	3	1	Palais-Royal.
Brueis et Palaprat, comédie, 1 a., en vers	3	1	Théâtre-Français.
L'Image, vaudeville, 1 a	3	1	Gymnase.
Faute de s'entendre, comédie, 1 a	3	1	Théâtre-Français.
La Fille de Dominique, vaudeville, 1 a	3	1	Palais-Royal.
Le Voisin Bagnolet, vaudeville, 1 a	2	2	Palais-Royal.
Le Protégé, vaudeville, 1 a	2	2	Vaudeville.
L'Article 960, vaudeville, 1 a	3	1	Vaudeville.
Simple Histoire, vaudeville	3	1	Gymnase.
Le Fils du Bravo, vaudeville, 1 a	3	1	Ambigu.
Une Tasse de thé, comédie, 1 a	3	1	Vaudeville.
L'Habit vert, comédie, 1 a	3	1	Variétés.
Jeanne Mathieu, vaudeville, 1 a	3	1	Gymnase.
Le Laquais d'Arthur, comédie, 1 a	2	2	Odéon.
Les Pantins de Violette, opérette, 1 a	2	2	Bouffes.
Le Passé de Nichette, vaudeville, 1 a	3	1	Palais-Royal.
La Perdrix rouge, vaudeville, 1 a	2	2	Palais-Royal.
La Pluie et le Beau temps, comédie, 1 a	2	2	Théâtre-Français.
Le Serment d'Horace, comédie, 1 a	2	2	Palais-Royal.
Société du Doigt dans l'œil, vaudeville, 1 a	3	1	Palais-Royal.
Testament (le) de Garçon, drame, 3 a	2	2	Odéon.
Le Moulin joli, opéra-comique, 1 a	2	2	Gaîté.
Petites Misères de la vie humaine, vaudeville, 1 a	2	2	Vaudeville.
Bataclan, opérette, 1 a	3	1	Bouffes.
Les Noces de Jeannette, opéra-comique, 1 a	3	1	Opéra-Comique.
Clémentine, vaudeville, 1 a	2	2	Palais-Royal.
L'Ile de Robinson, 1 a	2	2	Vaudeville.
Il était temps, vaudeville, 1 a	3	1	Variétés.
Tiridate, vaudeville, 1 a	2	2	Gymnase.
Brouillés depuis Wagram, vaudeville, 1 a	3	1	Variétés.
L'Ane et le Ruisseau, comédie, 1 a	2	2	
Une Epreuve après la lettre, comédie, 1 a	2	2	Odéon.
Deux Veuves (les), comédie, 1 a	2	2	Théâtre-Français.
Une Chaise pour deux, vaudeville, 1 a	3	1	Vaudeville.
Le Tigre du Bengale, vaudeville, 1 a	2	2	Palais-Royal.
Sans tambour ni trompette, vaudeville, 1 a	3	1	Variétés.
La Corde sensible, vaudeville, 1 a	2	2	Palais-Royal.
Au printemps, comédie, 1 a., en vers	2	2	Odéon.
Le Défaut de Jeanne, comédie, 1 a	2	2	Gymnase.
Une Femme qui bat son gendre, vaudeville, 1 a	2	2	Palais-Royal.
L'Homme de cinquante ans, vaudeville, 1 a	3	1	Variétés.
Le Bougeoir, comédie, 1 a	3	1	Odéon.
Un Ange au sixième étage, vaudeville, 1 a	3	1	Gymnase.
Les Fureurs de l'amour, tragédie burlesque, 1 a	3	1	
La Diplomatie du ménage, comédie, 1 a	2	2	Théâtre-Français.
La Prima donna, vaudeville, 1 a	2	2	Variétés.
Laurette, ou le Cachet rouge, vaudeville, 1 a	3	1	Vaudeville.

Pièces à cinq personnages.

	Hommes	Femmes	Théâtres
La Demoiselle à marier, vaudeville, 1 a	3	2	Gymnase.
Estelle, vaudeville, 1 a	4	1	Gymnase.
C'était moi, drame, 2 a	3	2	Gymnase.
La Demoiselle majeure, vaudeville, 1 a	3	2	Vaudeville.
Je serai comédien, vaudeville, 1 a	3	2	Vaudeville.
La Mansarde des artistes, vaudeville, 1 a	4	1	Gymnase.
Les Bains à domicile, vaudeville, 1 a	3	2	Palais-Royal.
Les Brodequins de Lise, vaudeville, 1 a	4	1	Gymnase.
Le Budget d'un jeune ménage, vaudeville, 1 a	3	2	Gymnase.
Le Caporal et la Payse, vaudeville, 1 a	3	2	Palais-Royal.
La Carte à payer, vaudeville, 1 a	4	1	Variétés.
La Chanoinesse, vaudeville, 1 a	3	2	Gymnase.
Clermont, drame-vaudeville, 2 a	3	2	Gymnase.
Le Code des femmes, vaudeville, 1 a	4	1	Palais-Royal.
Le Code et l'amour, vaudeville, 1 a	4	1	Porte-St-Martin.
Le Docteur Robin, vaudeville, 1 a	3	2	Gymnase.
La grande Dame, drame-vaudeville, 2 a	3	2	Gymnase
La jeune Femme colère, comédie, 1 a	3	2	Théâtre-Français.
La Marraine, vaudeville, 1 a	3	2	Gymnase.
Moiroud et compagnie, vaudeville, 1 a	3	2	Gymnase.
Oscar, comédie, 3 a	3	2	Théâtre-Français
Les Suites d'un Bal masqué, comédie, 1 a	2	3	Théâtre-Français.
Les Premières Amours, vaudeville, 1 a	4	1	Gymnase.
Les Projets de mariage, comédie, 1 a	4	1	Théâtre-Français.
99 Moutons et un Champenois, vaudeville, 1 a	3	2	Gymnase,
Le Rêve du mari, ou le Manteau, comédie, 1 a, en vers	2	3	Théâtre-Français.
Les Surprises, vaudeville, 1 a	2	3	Gymnase
Le Roman de la pension, vaudeville, 2 a	3	2	Palais-Royal.
Un Péché de jeunesse, vaudeville, 1 a	3	2	Variétés.
Une Position délicate, vaudeville, 1 a	3	2	Gymnase.
Valérie, comédie, 3 a	3	2	Théâtre-Français.
Ma Femme et mon Parapluie, vaudeville, 1 a	4	1	Variétés.
Le Mari de la Veuve, comédie, 1 a	2	3	Théâtre-Français
Pauvre Jacques, drame-vaudeville, 1 a	4	1	Gymnase.
La Sœur de Jocrisse, vaudeville, 1 a	3	2	Palais-Royal.
Une Passion, vaudeville, 1 a	3	2	Vaudeville.
Une Femme qui se jette par la fenêtre, vaudeville	3	2	Gymnase.
Le Savetier et le Financier, vaudeville, 1 a	4	1	Variétés.
Le Misanthrope et l'Auvergnat, vaudeville, 1 a	3	2	Palais-Royal.
Le Billet de logement, vaudeville, 1 a	3	2	Vaudeville.
La Fiancée du fleuve, vaudeville, 2 a	3	2	Variétés.
Bataille de Dames, comédie, 3 a	3	2	Théâtre-Français
Heureusement, comédie, 1 a, en vers	3	2	Théâtre-Français.
Les Fausses Infidélités, comédie, 1 a, en vers	3	2	Théâtre-Français
La Banqueroute du Savetier, vaudeville, 1 a	4	1	Variétés.
Le Prisonnier d'une femme, vaudeville, 1 a	3	2	Gymnase.
Les Souvenirs de la Marquise de W***, comédie, 1 a	3	2	Théâtre-Français.
Le Héros de cuisine, tragédie burlesque, 1 a	3	2	
Les Chiffonniers et les Balayeurs, trag. burlesque, 1 a	4	1	
La Dame au petit chien, vaudeville, 1 a	3	2	Palais-Royal.
Judith, vaudeville, 2 a	3	2	Variétés.
Les Intrigues de carrefour, ou les Amours de Pommadin, vaudeville, 1 a	3	2	Variétés.
Les deux Maîtresses, vaudeville, 1 a	4	1	Variétés.
Tapin, ou le Tambourineur de Gonesse, vaudeville, 1 a	3	2	Gaîté.
L'Affaire de la rue de Lourcine	4	1	Palais-Royal.
Les deux Timides, vaudeville, 1 a	3	2	Gymnase.
Feu (le) au couvent, comédie, 1 a	4	1	Théâtre-Français
J'invite le colonel, vaudeville, 1 a	4	1	Palais-Royal.
Mon Isménie, vaudeville, 1 a	2	3	Palais-Royal.
Les Femmes qui pleurent, 1 a	3	2	Gymnase.

	Hommes.	Femmes.	Théâtres
L'Autographe, comédie, 1 a	3	2	Gymnase.
L'Homme n'est pas parfait, vaudeville, 1 a	3	2	Variétés.
Le Brésilien, vaudeville, 1 a	2	3	Palais-Royal.

Pièces à six personnages.

	Hommes.	Femmes.	Théâtres
La Vie de Napoléon, vaudeville, 1 a	4	2	Palais-Royal.
On ne passe pas, vaudeville, 1 a	5	1	Palais-Royal
Un Monsieur qui prend la mouche, vaudeville, 1 a	5	1	Variétés.
Le Petit Enfant prodigue, vaudeville, 1 a	5	1	Variétés.
Les Ricochets, comédie, 1 a	4	2	Théâtre-Français.
Michel Perrin, vaudeville, 2 a	5	1	Gymnase.
L'Avoué et le Normand, vaudeville, 1 a	4	2	Variétés.
Monsieur Sans-Gêne, vaudeville, 1 a	4	2	Variétés.
Félix et Roger, vaudeville, 1 a	5	1	Gaîté.
Les Moustaches de Jean Bart, vaudeville, 1 a	5	1	Palais-Royal.
Une heure de prison, vaudeville, 2 a	5	1	Variétés
Le Spectacle à la cour, vaudeville, 3 a	5	1	Gymnase.
La Vendetta, vaudeville, 1 a	5	1	Variétés.
Le Suicide de Falaise, vaudeville, 1 a	5	1	Variétés.
Rataplan, ou le Petit Tambour, vaudeville, 1 a	3	3	Vaudeville.
Bathilde, drame, 3 a	4	2	Renaissance.
L'Incognito, ou le Dîner d'auberge, vaudeville, 1 a	5	1	Ambigu.
L'Interdiction, drame, 2 a	5	1	Gymnase.
Maria l'Esclave, drame, 2 a	4	2	Gymnase.
Angeline la Champenoise, vaudeville, 1 a	4	2	Vaudeville.
Les Anglaises pour rire, vaudeville, 1 a	4	2	Variétés.
L'Article 213, vaudeville, 1 a	4	2	Gymnase.
C'est Monsieur qui paye, vaudeville, 1 a	5	1	Variétés.
Le Coiffeur et le Perruquier, vaudeville, 1 a	4	2	Gymnase.
Deux Papas très-bien, vaudeville, 1 a	5	1	Palais-Royal.
Heur et Malheur, vaudeville, 1 a	4	2	Vaudeville.
Kelly, ou le Retour en Suisse, vaudeville, 1 a	4	2	Vaudeville.
Madame Duchâtelet, comédie, 1 a	4	2	Vaudeville.
Le Mari et l'Amant, comédie, 1 a	4	2	Théâtre-Français
Le Mariage de raison, vaudeville, 2 a	4	2	Gymnase.
La Mère de famille, vaudeville, 1 a	3	3	Gymnase.
1760, ou les trois Chapeaux, comédie, 1 a, en vers	4	2	Théâtre-Français.
Les Nouvelles d'Espagne, comédie, 1 a	4	2	Odéon.
Philippe, vaudeville, 1 a	4	2	Gymnase.
Le Philtre champenois, vaudeville, 1 a	3	3	Palais-Royal.
Le Poltron, vaudeville, 1 a	4	2	Vaudeville.
Préville et Taconnet, vaudeville, 1 a	5	1	Variétés.
Les Rivaux d'eux-mêmes, comédie, 1 a	3	3	Théâtre-Français.
La Rue de la Lune, vaudeville, 1 a	3	3	Palais-Royal.
Le Secrétaire et le Cuisinier, vaudeville, 1 a	5	1	Gymnase.
La Somnambule, vaudeville, 2 a	4	2	Vaudeville.
Les Gants jaunes, vaudeville, 1 a	3	3	Vaudeville.
Un Mari charmant, vaudeville, 1 a	3	3	Gymnase.
Une Faute, drame-vaudeville, 1 a	3	3	Gymnase
Bruno le fileur, vaudeville, 2 a	5	1	Palais-Royal
Permettez... Madame, vaudeville, 1 a	3	3	Gymnase
L'Art de ne pas monter sa garde, vaudeville, 1 a	4	2	Variétés.
La Marquise de Senneterre, comédie, 3 a	3	3	Théâtre-Français.
Le Dépit amoureux, comédie, 2 a	4	2	Théâtre-Français.
La Maison sans enfants, comédie, 3 a	2	4	Gymnase.
L'Invitation à la valse, comédie, 1 a	3	3	Gymnase.

Un catalogue manuscrit, beaucoup plus complet, de pièces jouables en société, est chez moi, à la disposition de MM. les Amateurs; les pièces nouvelles y sont portées le jour de leur mise en vente.

SUPPLÉMENT AU CATALOGUE

DE

N. TRESSE

SUCCESSEUR DE

J.-N. BARBA

PALAIS-ROYAL, GALERIE DE CHARTRES, Nᵒˢ 2 ET 3

LES DEMANDES AU-DESSUS DE 25 FRANCS SERONT ADRESSÉES FRANCO EN PROVINCE
LE MONTANT SERA SUIVI EN REMBOURSEMENT.

JANVIER 1857

CHOIX DE PIÈCES
FACILES A JOUER EN SOCIÉTÉ
AVEC L'INDICATION DU NOMBRE DE PERSONNAGES
LE GENRE ET LE THÉATRE SUR LEQUEL ELLES ONT ÉTÉ JOUÉES
IMPRIMÉES DANS DIVERS FORMATS

Pièces à un seul personnage.

	Hommes.	Femmes.	Théâtres.
Figaro en prison, comédie, 1 acte.	1	»	Th.-Français.
Une Dent sous Louis XV, vaudeville, 1 acte. .	1	»	Palais-Royal.
Les Débuts de la Modiste, vaudeville, 1 acte. .	»	1	
Robinson dans son Ile, vaudeville, 1 acte. . .	1	»	Palais-Royal.
La mort de Gilbert, drame, 1 acte, en vers.. .	1	»	»
Une Nuit d'attente, vaudeville, 1 acte. . . .	»	1	Vaudeville.
Pygmalion, scène, 1 acte.	1	»	Th.-Français.

Pièces à deux personnages.

	Hommes.	Femmes.	Théâtres.
Ma Dernière Maîtresse, vaudeville, 1 acte. . .	1	1	»
Monsieur va au Cercle, vaudeville, 1 acte. . .	1	1	Palais-Royal.
Chien et Chat, vaudeville, 1 acte.	1	1	»
Où passerai-je mes soirées, vaudeville, 1 acte.	1	1	Variétés.
Le Pour et le Contre, proverbe, 1 acte. . . .	1	1	Gymnase.
Un Bal à émotions, vaudeville, 1 acte. . . .	1	1	
Pendant l'orage, vaudeville, 1 acte.	»	2	
Une nuit sur la Scène, vaudeville, 1 acte. . .	2	»	
Grassot embêté par Ravel, vaudeville, 1 acte .	2	»	Palais-Royal.
Égarements d'une Canne et d'un Parapluie, vaudeville, 1 acte.	1	1	Palais-Royal.
La Chute des feuilles, proverbe, 1 acte. . . .	1	1	
Frisette, vaudeville, 1 acte.	1	1	Palais-Royal
A la Bastille, vaudeville, 1 acte.	2	»	Variétés.
Croque-Poule, vaudeville, 1 acte.	1	1	Variétés.
Une Chambre à deux lits, vaudeville, 1 acte. .	2	»	Palais-Royal.
La Tempête dans un verre d'eau, comédie, 1 a.	1	1	Th.-Français.
Quand on va cueillir la noisette, vaud., 1 acte.	»	2	Vaudeville.
Un vilain Monsieur, vaudeville, 1 acte. . . .	2	»	Variétés.
Les Extrèmes se touchent, comédie, 1 acte. .	1	1	Variétés.
Jobin et Nanette, vaudeville, 1 acte. . . .	1	1	Variétés.
Chez un Garçon, vaudeville, 1 acte.	1	1	Gymnase.
Un et un font onze, vaudeville, 1 acte. . . .	1	1	
Le Tableau de Raphaël, vaudeville, 1 acte. .	2	»	Variétés.
L'Auberge du Perroquet, vaudeville, 1 acte. .	2	»	

Pièces à trois personnages.

	Hommes.	Femmes.	Théâtres.
Voix de Dupré, folie, 1 acte.	2	1	Variétés.
Les Consultations de Jocrisse, vaudeville, 1 a.	2	1	»
Le Collier, proverbe, 1 acte.	1	2	Vaudeville.
Thompson et Garrick, vaudeville, 1 acte. . .	2	1	Vaudeville.
L'Orage, ou un Tête-à-Tête, comédie, 1 acte. .	2	1	Gymnase.
Trois Têtes dans un bonnet, vaudeville, 1 acte.	1	2	Palais-Royal.
La Maîtresse du Mari, vaudeville, 1 a te. . .	2	1	Vaudeville.
Le Mari en bonnes fortunes, vaudeville, 1 acte.	1	2	
La Ligne droite, comédie, 1 acte.	2	1	Th.-Français.
Deux profonds Scélérats, vaudeville, 1 acte. .	3	»	Palais-Royal.
L'Original, comédie, 1 acte, en vers . . .	2	1	Th.-Français.
Le Piano de Berthe, vaudeville, 1 acte. . . .	1	2	Gymnase
Le Peintre et le Comédien, vaudeville, 1 acte.	3	»	Variétés.
Madame Bertrand et mademoiselle Raton, v., 1 a.	1	2	Palais-Royal.
Santeuil et Dominique, vaudeville, 3 actes. .	3	»	Vaudeville
Horace et Lydie, comédie, 1 acte, en vers. .	1	2	Th.-Français.
Le Baiser de l'étrier, vaudeville, 1 acte. . .	2	1	Vaudeville.
Champagne et Suzette, vaudeville, 1 acte. . .	2	1	Vaudeville.
Une mauvaise Nuit est bientôt passée, v., 1 a.	1	2	
La Fiole de Cagliostro, vaudeville, 1 acte. .	2	1	Palais-Royal.
La Dupe de sa ruse, vaudeville, 1 acte. . . .	1	2	
Folie et Raison, vaudeville, 1 acte.	2	1	Vaudeville.
Duel aux Mauviettes, vaudeville, 1 acte. . .	2	1	Palais-Royal.
Les deux Ermites, vaudeville, 1 acte. . . .	1	2	Vaudeville.
Henriette et Charlot, vaudeville, 1 acte. . .	2	1	Palais-Royal.
Geneviève, vaudeville, 1 acte.	2	1	Gymnase.
Diviser pour régner, vaudeville, 1 acte. . .	2	1	Gymnase.
La baronne de Blignac, vaudeville, 1 acte. . .	2	1	Variétés.
Qui se dispute s'adore, vaudeville, 1 acte. . .	2	1	Palais-Royal.
Qui se ressemble se gêne, vaudeville, 1 acte. .	2	1	
Pas de fumée sans feu, vaudeville, 1 acte. . .	1	2	Vaudeville.
Une Allumette entre deux feux, vaudeville, 1 a.	1	2	
Drin-drin, vaudeville, 1 acte.	2	1	Variétés.
Le Pour et le Contre, proverbe, 1 acte. . . .	1	2	Gymnase.
Un Cœur qui parle, vaudeville, 1 acte. . . .	2	1	Vaudeville.
Sabots de la Marquise, opéra-comique, 1 acte.	2	1	Opéra-Comique.
Œuvres d'Horace, comédie, 1 acte.	1	2	Odéon.
L'Opéra-Comique, opéra-comique, 1 acte. . .	2	1	Opéra-Comique.
Haine aux Femmes, vaudeville, 1 acte. . . .	2	1	Vaudeville.
Haine aux Hommes, vaudeville, 1 acte. . . .	1	2	Variétés.
J'arrive à temps, vaudeville, 1 acte.	1	2	
Lidda, ou la Servante, vaudeville, 1 acte. . .	2	1	
Acteurs à l'épreuve, vaudeville, 1 acte. . . .	2	1	Variétés.
Les Vieilles amours, vaudeville, 1 acte. . . .	2	1	Vaudeville.

Pièces à quatre personnages.

	Hommes.	Femmes.	Théâtres.
Un Bonheur ignoré, vaudeville, 1 acte. . . .	3	1	Gymnase.
Une Heure de Charles XII, vaudeville, 1 acte.	3	1	Gymnase.
Billets de Loterie, opéra-comique, 1 acte. . .	2	2	
Billets de Logement, vaudeville, 1 acte. . .	3	1	Variétés.

	Hommes.	Femmes.	Théâtres.
Batardin, vaudeville, 1 acte.	2	2	Gaîté.
Annette et Lubin, opéra-comique, 1 acte. . .	3	1	Opéra-Comique.
Les Amours de M. Jacquinet, vaudeville, 1 a.	3	1	
La Veuve de 15 ans, vaudeville, 1 acte. . .	2	2	Vaudeville.
Trois Oncles, vaudeville, 1 acte.	2	2	
La Jeune Hôtesse, comédie, 3 actes, en vers.	3	1	Th.-Français.
Mademoiselle Gaussin, vaudeville, 1 acte. . .	2	2	Vaudeville.
Le Mariage à l'Anglaise, opéra-comique, 1 a.	3	1	Opéra-Comique.
Misère et Gaieté, vaudeville, 1 acte. . . .	3	1	Variétés.
Le Mur mitoyen, vaudeville, 1 acte.	3	1	Vaudeville.
La Nuit champêtre, vaudeville, 2 actes. . . .	3	1	
La Nuit de Noël, vaudeville, 1 acte. . . .	2	2	Vaudeville.
Le Pâté d'anguilles, vaudeville, 1 acte. . . .	2	2	Variétés.
La Pièce en perce, vaudeville, 1 acte. . . .	3	1	
Pierre et Marie, vaudeville, 1 acte.	3	1	Gymnase.
Prisonnier pour dettes, vaudeville, 1 acte. . .	3	1	
Histoire d'un Sou, vaudeville, 1 acte. . . .	2	2	Palais-Royal.
Retour du Mari, comédie, 1 acte, en vers. . .	2	2	Th.-Français.
Les Marquises de la Fourchette, vaudeville, 1 a.	4	»	Vaudeville.
Retour de Stanislas, vaudeville, 1 acte. . .	3	1	
Rien de trop, vaudeville, 1 acte.	3	1	Vaudeville.
Quand on attend sa Bourse, vaudeville, 1 acte.	2	2	Palais-Royal.
Les Rivaux amis, comédie, 1 acte, en vers. .	2	2	Th.-Français.
La Ferme de Primerose, vaudeville, 1 acte. .	3	1	Variétés.
Roman par lettres, vaudeville, 1 acte. . . .	2	2	Vaudeville.
Madame veuve Larifla, vaudeville, 1 acte. . .	2	2	Variétés.
Le Rival par amitié, vaudeville, 1 acte. . . .	»	4	Vaudeville.
Le Sénateur, vaudeville, 1 acte.	2	2	Gymnase.
Les Poltais, vaudeville, 2 actes.	2	2	Vaudeville.
Simon le Franc, vaudeville, 1 acte.	3	1	
Le Bouffe et le Tailleur, opéra-comique, 1 acte.	3	1	Variétés.
L'Aumonier du régiment, vaudeville, 1 acte. .	3	1	Palais-Royal.
Brisquet et Joli-Cœur, vaudeville, 1 acte. . .	3	1	
La Chatte métamorphosée en Femme, vaude-ville, 1 acte.	2	2	Gymnase.
Un Garçon de chez Véry, vaudeville, 1 acte. .	3	1	Palais-Royal.
Le faux Duel, vaudeville, 1 acte.	2	2	
L'Amour à la Maréchale, vaudeville, 1 acte. .	2	2	Palais-Royal.
Deux Jocrisses, vaudeville, 1 acte.	3	1	
Quand on veut tuer son Chien, vaudeville, 1 a.	2	2	Vaudeville.
Le Camp des Bourgeoises comédie, 1 acte. .	2	2	Gymnase.
Drelindindin, ou le Carillonneur, vaudev., 1 a.	2	2	Variétés.
Docteur Quinquina, vaudeville, 1 acte. . . .	3	1	
Deux Femmes contre un Homme, vaud., 1 a.	2	2	Variétés.
Dernier Jour de Deuil, vaudeville, 1 acte. . .	2	2	Vaudeville.
La Demande bizarre, comédie, 1 acte. . . .	3	1	
La Demoiselle et la Paysanne, comédie, 1 acte.	3	1	
La Cousine supposée, vaudeville, 1 acte. . .	2	2	
Furioso à Bourges, vaudeville, 1 acte. . . .	3	1	Variétés.
Le Bandeau, vaudeville, 1 acte.	3	1	Gymnase.
L'Amour et le Procès, comédie, 1 acte, en vers.	2	2	Th.-Français.
Séducteur Champenois, vaudeville, 1 acte. .	2	2	Variétés.
Le Jaloux malgré lui, comédie, 1 acte, en vers.	1	3	Th.-Français.
Jeanneton colère, vaudeville, 1 acte.	2	2	Variétés.
Jérôme Pointu, comédie, 1 acte.	3	1	Variétés.
Mes derniers vingt Sous, vaudeville, 1 acte. .	2	2	Gymnase.

	Hommes.	Femmes.	Théâtres.
Trop beau pour rien faire, vaudeville, 1 acte.	2	2	Vaudeville.
Masque et Visage, vaudeville, 1 acte.	1	3	
Le Village, comédie, 1 acte.	2	2	Th.-Français.
Alexis, ou l'Erreur, opéra-comique, 1 acte. .	2	2	
L'Homme à tout, vaudeville, 1 acte.	3	1	
Les Inconsolables, comédie, 1 acte.	2	2	Th.-Français.
Intrigue dans la Hotte, vaudeville, 1 acte. . .	3	1	Variétés.
L'Intrigue en l'air, vaudeville, 1 acte. . . .	3	1	Variétés.
Les Amants Protées, proverbe, 1 acte.	2	2	
Amour filial, opéra-comique, 1 acte.	3	1	Opéra-Comique.
Alexandre et Apelle, comédie, 1 acte, en vers.	2	2	Th.-Français.
L'Actrice, comédie, 1 acte, en vers.	2	2	Odéon.
Acteurs à l'Auberge, vaudeville, 1 acte. . . .	2	2	Porte-St-Martin.
Nuit d'un joueur, vaudeville, 1 acte.	3	1	Variétés.
Partie carrée, vaudeville, 1 acte.	2	2	Vaudeville.
Les Enragés, vaudeville, 1 acte.	2	2	Variétés.

Pièces à cinq personnages.

	Hommes.	Femmes.	Théâtres.
Jocrisse maître et Jocrisse valet, folie, 1 acte.	3	2	Variétés.
Je dîne chez ma Mère, comédie, 1 acte. . .	3	2	Gymnase.
La Vérité dans le vin, vaudeville, 1 acte. . .	3	2	Gymnase.
Veuve et Garçon, vaudeville, 1 acte.	3	2	
Mon Étoile, comédie, 1 acte.	3	2	Th.-Français.
Les vieux Péchés, vaudeville, 1 acte.	2	3	Gymnase.
La Ville neutre, vaudeville, 1 acte.	4	1	Gymnase.
Les Erreurs du bel âge, vaudeville, 1 acte. . .	3	2	Variétés.
Les Voisins brouillés, vaudeville, 1 acte. . .	3	2	
Un Antécédent, vaudeville, 1 acte.	3	2	Vaudeville.
Un Service à Blanchard, vaudeville, 1 acte. .	3	2	Gymnase.
Un dernier Jour de fortune, vaudeville, 1 acte.	3	2	Gymnase.
Un Jour à Rome, vaudeville, 1 acte. . . .	3	2	Vaudeville.
Les Petits Moyens, vaudeville, 1 acte. . . .	3	2	Gymnase.
Un Mariage à rompre, vaudeville, 1 acte. . .	4	1	Gymnase.
Un Ménage d'ouvrier, vaudeville, 1 acte. . .	3	2	Palais-Royal.
Trois amours de Pompiers, vaudeville, 1 acte. .	4	1	Variétés.
Un Pont neuf, vaudeville, 1 acte.	3	2	Vaudeville.
Le Coucher d'une Étoile, vaudeville, 1 acte. .	4	1	Vaudeville.
Un Tour de jeune Homme, vaudeville, 1 acte. .	3	2	
Le Serpent de la Paroisse, vaudeville, 1 acte. .	4	1	Vaudeville.
Une Dame de l'Empire, vaudeville, 1 acte. . .	2	3	Vaudeville.
Une visite à Bedlam, vaudeville, 1 acte. . .	4	1	Gymnase.
Une femme à deux Maris, vaudeville, 1 acte. .	3	2	Gymnase.
Une visite en Prison, vaudeville, 1 acte. . .	4	1	Vaudeville.
Banqueroute du Savetier, vaudeville, 1 acte. .	4	1	Variétés.
Les Absences de Monsieur, vaudeville, 1 acte. .	3	2	Vaudeville.
L'Anglais, ou le Fou raisonnable, comédie, 1 a.	4	1	Odéon.
Trilby, vaudeville, 1 acte.	3	2	Gymnase.
Trilby, vaudeville, 1 acte.	3	2	Variétés.
L'Idée du Mari, vaudeville, 1 acte.	3	2	
Le jeune Homme en loterie, comédie, 1 acte. .	2	3	Gymnase.
La jeune Veuve, comédie, 1 acte, en vers. . .	2	3	Odéon.
Une Idée de Tailleur, vaudeville, 1 acte. . .	3	2	
Léona, ou le Parisien en Corse, vaudeville, 2 a.	3	2	Palais-Royal.

	Hommes.	Femmes.	Théâtres.
Madame Basile, vaudeville, 1 acte.	3	2	Vaudeville.
Le Conscrit, vaudeville, 1 acte.	3	2	Variétés.
La Maison de Plaisance, vaudeville, 1 acte.	3	2	Vaudeville.
Un Ami acharné, vaudeville, 1 acte.	4	1	Variétés.
Maîtresse au logis, vaudeville, 1 acte.	3	2	Gymnase.
La Servante du Curé, vaudeville, 1 acte.	4	1	Palais-Royal.
Les Manteaux, vaudeville, 2 actes.	3	2	Gymnase.
Mariage du ci-devant jeune Homme, vaudeville, 1 acte, en vers.	3	2	
La Pensionnaire mariée, vaudeville, 1 acte.	3	2	Gymnase.
M. Beldam, vaudeville, 1 acte.	4	1	Variétés.
Oui et Non, vaudeville, 2 actes.	4	1	
Une Fille terrible, vaudeville, 1 acte.	3	2	Variétés.
Le Paravent, comédie, 1 acte, en vers.	2	3	Th.-Français.
La Peau de l'Ours, folie, 1 acte.	4	1	Variétés.
E H, vaudeville, 1 acte.	3	2	Palais-Royal.
Le Peintre et le Courtisan, vaudeville, 1 acte.	4	1	Variétés.
Embrassons-nous Folleville, vaudeville, 1 acte.	4	1	Palais-Royal.
La Perle de Marienbourg, vaudeville, 2 actes.	3	2	Vaudeville.
Bal du Prisonnier, vaudeville, 1 acte.	4	1	Gymnase.
Le petit Courrier, vaudeville, 2 actes.	3	2	Vaudeville.
Le petit Fils, vaudeville, 1 acte.	3	2	Gymnase.
Plus de Jeudi, vaudeville, 2 actes.	2	3	Variétés.
Le Pour et le Contre, vaudeville, 1 acte.	4	1	Vaudeville.
La dernière Conquête, vaudeville, 2 actes.	2	3	Variétés.
La Poupée, vaudeville, 1 acte.	2	3	Vaudeville.
L'Amour et la Raison, comédie, 1 acte.	3	2	Th.-Français.
Trois Œufs dans un Panier, vaudeville, 1 acte.	3	2	Vaudeville.
La première Cause, vaudeville, 1 acte.	4	1	Gymnase.
Le Lait d'ânesse, vaudeville, 1 acte.	3	2	Palais-Royal.
La Pupille, comédie, 1 acte.	3	2	Th.-Français.
Pascal et Chambord, vaudeville, 1 acte.	3	2	Palais-Royal.
La Quarantaine, vaudeville, 1 acte.	4	1	Gymnase.
Les Rendez-vous, vaudeville, 1 acte.	3	2	
Les Pages de Bassompierre, vaudeville 1 acte.	3	2	Vaudeville.
La Revanche forcée, vaudeville, 1 acte.	3	2	Vaudeville.
Les Intimes, vaudeville, 1 acte.	3	2	Vaudeville.
Rivaux impromptu, vaudeville, 1 acte.	3	2	Variétés.
La Faction de M. le Curé, vaudeville, 1 acte.	4	1	Gymnase.
Être aimé ou mourir, vaudeville, 1 acte.	3	2	Gymnase.
Le Roman nouveau, vaudeville, 1 acte.	3	2	Vaudeville.
Deux Divorces, vaudeville, 1 acte.	3	2	Variétés.
Le Savetier de la rue Charlot, vaudeville, 1 a.	2	3	
Simple Histoire, vaudeville, 1 acte.	4	1	Gymnase.
Le Cachemire vert, comédie, 1 acte.	3	2	Gymnase.
Le Soldat et le Perruquier, vaudeville, 1 acte.	4	1	
L'Omelette fantastique, vaudeville, 1 acte.	3	2	Palais-Royal.
La Somnambule mariée, vaudeville, 1 acte.	3	2	Vaudeville.
L'Aveugle et son Bâton, vaudeville, 1 acte.	3	2	Vaudeville.
Le Soufflet conjugal, vaudeville, 1 acte.	3	2	Variétés.
Le Soupçon, vaudeville, 1 acte.	3	2	Gymnase.
La Danse interrompue, vaudeville, 1 acte.	3	2	Vaudeville.
Le Cachemire, vaudeville, 1 acte.	3	2	Vaudeville.
Canard et Canardin, vaudeville, 1 acte	3	2	Porte-St-Martin.
La Demoiselle et la Dame, vaudeville, 1 acte.	3	2	Gymnase.
Le Champenois, vaudeville, 1 acte.	3	2	Vaudeville.

	Hommes.	Femmes.	Théâtres.
Le Caporal et le Paysan, vaudeville, 1 acte. .	3	2	Variétés.
Les bons Gobets, vaudeville, 1 acte.	3	2	Variétés.
Le Bon Père, vaudeville, 1 acte.	3	2	Variétés.
Le Colleur, vaudeville, 1 acte.	3	2	Palais-Royal.
La Famille Mélomane, vaudeville, 1 acte. . .	4	1	Variétés.
L'Écrivain public, vaudeville, 1 acte. . . .	4	1	Gymnase.
Duel impossible, comédie, 1 acte.	4	1	
Les Deux font la paire, vaudeville, 1 acte. . .	3	2	Variétés.
Les deux Aveugles, vaudeville, 1 acte. . . .	3	2	Vaudeville.
Le Cousin Frédéric, vaudeville, 1 acte. . . .	2	3	Vaudeville.
La Consigne, vaudeville, 1 acte.	3	2	Variétés.
Le Conscrit, vaudeville, 1 acte.	3	2	Variétés.
Tentations de maître Antoine, vaudeville, 1 a.	3	2	Palais-Royal.
Le Concert à la Cour, opéra-comique, 1 acte. .	3	2	»
Les Comptes de tutelle, vaudeville, 1 acte. .	3	2	Gymnase.
Le Compagnon d'infortune, vaudeville, 1 acte.	4	1	Variétés.
Fils d'un Agent de change, vaudeville, 1 acte.	3	2	Variétés.
Le Dernier de la famille, vaudeville, 1 acte. .	3	2	Vaudeville.
Les Dames patronesses, vaudeville, 1 acte. . .	2	3	Gymnase.
La Fiancée du fleuve, vaudeville, 1 acte. . .	3	2	
Les Frères de lait, vaudeville, 1 acte. . .	3	2	Gymnase.
Les Aveugles de Franconville, comédie, 1 acte.	2	3	
Les jeunes Bonnes et les vieux Garçons, v., 1 a.	3	2	Palais-Royal.
Garçon parfumeur, vaudeville, 1 acte. . . .	3	2	Gymnase.
Grivois la malice, vaudeville, 1 acte. . . .	4	1	Variétés.
Le Jaloux, vaudeville, 1 acte.	3	2	Gymnase.
L'Homme entre deux âges, vaudeville, 1 acte.	3	2	Odéon.
L'Idée du mari, vaudeville, 1 acte.	3	2	
L'Intérieur d'un bureau, vaudeville, 1 acte. .	4	1	Gymnase.
L'Intrigue à contre-temps, comédie, 1 acte. .	4	1	
Amants enfoncés, tragédie burlesque, 1 acte.	4	1	
L'Amour à l'anglaise, comédie, 1 acte. . . .	3	2	
L'Amant et le Valet, comédie, 1 acte. . . .	3	2	Th.-Français.
Oncle d'Amérique, vaudeville, 1 acte. . . .	3	2	Gymnase.
Mort de Bucéphale, trag. bur., en vers, 1 acte.	4	1	
Parchemin, greffier de Vaugirard, vaud., 1 a.	4	1	Variétés.
La Fin d'un bal, vaudeville, 1 acte.	3	2	Vaudeville.
Fagotin, parade, 1 acte.	3	2	Variétés.
La Veuve du soldat, vaudeville, 1 acte. . . .	3	2	Gymnase.
Un Mariage Corse, vaudeville, 1 acte. . . .	3	2	
La Fermière, vaudeville, 1 acte.	3	2	
L'Amour et la raison, comédie, 1 acte. . . .	3	2	Th.-Français.

Pièces à six personnages.

	Hommes.	Femmes.	Théâtres.
Théobald, ou le Retour de Russie, vaud., 1 a.	3	3	Gymnase.
Thibaut et Justine, vaudeville, 1 acte. . . .	4	2	Variétés.
La Toque bleue, vaudeville, 1 acte.	3	3	Gymnase.
Tout chemin mène à Rome, vaudeville, 1 acte.	4	2	Vaudeville.
Trois Aveugles, vaudeville, 1 acte.	5	1	Variétés.
Trois Maîtresses, vaudeville, 2 actes. . . .	3	3	Gymnase.
Le jeune Maire, vaudeville, 2 actes.	4	2	Gymnase.
Jocrisse grand-père, Jocrisse fils et petit-fils, comédie, 1 acte.	5	1	Variétés.

	Hommes.	Femmes.	Théâtres.
Jugement d'empeigne, vaudeville, 1 acte. . .	5	1	
Le Legs, comédie, 1 acte.	3	3	Th.-Français.
Madame de Valdaunaie, vaudeville, 2 actes. .	3	3	Gymnase.
Le Malade par circonstance, vaudeville, 1 acte.	4	2	Vaudeville.
La Marchande de goujons, vaudeville, 1 acte. .	3	3	Variétés.
Le Mari, la Femme et le Voleur, vaud., 1 a.	3	3	Palais-Royal.
Le Mariage de Charles Collé, vaudeville, 1 acte.	4	2	Variétés.
La Fille du Musicien, drame, 3 actes. . . .	5	1	Porte-St-Martin.
La Recette pour marier sa fille, vaudeville, 1 a.	4	2	Variétés.
Le Chapeau d'un Horloger, comédie, 1 acte. .	4	2	Gymnase.
Un Soufflet n'est jamais perdu, vaudeville, 1 a.	5	1	Gymnase.
Midi à quatorze heures, vaudeville, 1 acte. .	4	2	Gymnase.
La Protégée sans le savoir, vaudeville, 1 acte.	5	1	Gymnase.
Madame de Sérigny, vaudeville, 1 acte. . .	4	2	Gymnase.
Les Aides de camp, vaudeville, 1 acte. . .	5	1	Gymnase.
Un Bal du grand monde, vaudeville, 1 acte. .	4	2	Vaudeville.
La Tirelire, vaudeville, 1 acte.	4	2	Palais-Royal.
La Sonnette de nuit, vaudeville, 1 acte. . .	4	2	
Simplette la chevrière, vaudeville, 1 acte. . .	4	2	Palais-Royal.
Renaudin de Caen, vaudeville, 2 actes. . . .	3	3	Vaudeville.
Margot, vaudeville, 1 acte.	4	2	
L'Apprenti, vaudeville, 1 acte.	4	2	Variétés.
Le Frère de Piron, vaudeville, 1 acte. . . .	4	2	Vaudeville.
Étienne et Robert, vaudeville, 1 acte. . . .	5	1	Variétés.
Le Tueur de Lions, vaudeville, 1 acte. . . .	4	2	Palais-Royal.
Thibaut l'ébéniste, vaudeville, 1 acte. . . .	3	3	Variétés.
Les Droits de l'homme, comédie, 2 actes. . .	3	3	Odéon.
La Niaise de Saint-Flour, vaudeville, 1 acte.	4	2	Gymnase.
Gardée à vue, vaudeville, 1 acte.	3	3	Gymnase.
Le Secret du soldat, drame-vaudeville, 3 act.	4	2	
L'Honneur de ma fille, drame, 3 actes. . . .	5	1	Ambigu.
Le Collier de perles, comédie, 3 actes. . . .	5	1	Gymnase.
Le jeune Mari, comédie, 3 actes.	4	2	Th.-Français.
La Lectrice, comédie-vaudeville, 2 actes. . .	4	2	Gymnase.
Doigt de Dieu, drame, 1 acte.	6	>	Gaîté.
La Monnaie de singe, vaudeville, 1 acte. . .	3	3	Variétés.
M. et Mme Denis, vaudeville, 1 acte.	3	3	Variétés.
M. Sans-souci, vaudeville, 1 acte.	4	2	Variétés.
M. Sensible, vaudeville, 1 acte.	5	1	Gymnase.
M. Touche-à-tout, vaudeville, 1 acte. . . .	4	2	Vaudeville.
Les Moralistes, vaudeville, 1 acte.	5	1	Gymnase.
Vaugelas, ou le Ménage d'un savant, v., 1 a.	4	2	
Les Vendanges de Bagnolet, vaudeville, 1 acte.	4	2	
La Vendange normande, vaudeville, 1 acte. .	5	1	Variétés.
Werther, ou les Égarements d'un cœur sensible, vaudeville, 1 acte.	5	1	Variétés.
Le Vieillard et la jeune Fille, vaudeville, 1 acte.	3	3	Variétés.
La Vieille de 16 ans, vaudeville, 1 acte. . .	4	2	Variétés.
Le Vieux Marin, vaudeville, 1 acte.	2	4	Vaudeville.
La Villageoise somnambule, vaudeville, 3 actes.	3	3	Variétés.
Violon de l'Opéra, vaudeville, 1 acte. . . .	4	2	Gymnase.
Les Voisins, comédie, 1 acte.	5	1	Odéon.
Un Colonel d'autrefois, vaudeville, 1 acte. .	4	2	Gymnase.
Un Jour d'embarras, vaudeville, 1 acte. . .	3	3	
Un Mariage raisonnable, comédie, 1 acte. . .	3	3	Th.-Français.
Un Matelot, vaudeville, 1 acte.	3	3	Palais-Royal.

	Hommes.	Femmes.	Théâtres.
Un Retour de jeunesse, vaudeville, 1 acte. .	3	3	Variétés.
Un Tissu d'horreurs, vaudeville, 1 acte. . .	3	3	
Une Affaire d'honneur, vaudeville, 1 acte. . .	4	2	Palais-Royal.
Une Chaumière et son cœur, vaudeville, 2 a.	3	3	Gymnase.
Une Femme est un Diable, vaudeville, 1 acte.	3	3	Variétés.
Une Heure d'absence, comédie, 1 acte. . . .	3	3	Odéon.
Les Amours de village, vaudeville, 1 acte. . .	2	4	Vaudeville.
André, vaudeville, 2 actes.	4	2	Vaudeville.
Taconet, vaudeville, 1 acte.	4	2	
Le Tailleur des bossus, vaudeville, 1 acte. . .	4	2	Vaudeville.
Tailleurs de Windsor, vaudeville, 1 acte. . .	5	1	Vaudeville.
Tante à marier, comédie, 1 acte.	3	3	Porte-St-Martin.
Le Mort sous le scellé, folie, 1 acte. . . .	4	2	
Le Moulin de Bayard, vaudeville, 1 acte. . .	5	1	Variétés.
La Muette de la forêt, mélodrame, 1 acte. .	4	2	Gaîté.
Le Niais de Sologne, comédie, 1 acte. . . .	4	2	Variétés.
La Nuit d'auberge, vaudeville, 1 acte. . . .	5	1	Variétés.
La Nuit d'avant, vaudeville, 1 acte.	3	3	Palais-Royal.
Nouveau Seigneur de village, opéra-com., 1 a.	5	1	
L'Oiseleur et le Pêcheur, vaudeville, 1 acte. .	5	1	Variétés.
Paméla, ou la Fille du portier, vaudeville, 1 a.	3	3	Vaudeville.
Parfumeuse de la cour, vaudeville, 1 acte. . .	3	3	Variétés.
Le Parlementaire, vaudeville, 1 acte. . . .	4	2	Gymnase.
Pataquès, ou le Barbouilleur d'enseignes, v., 1 a.	5	1	Variétés.
Le Père d'occasion, comédie, 1 acte.	4	2	Odéon.
Fanfan Latulipe, vaudeville, 1 acte.	5	1	
Les Perroquets de la mère Philippe, vaud., 1 a.	3	3	Variétés.
La Perruque blonde, comédie, 1 acte. . . .	5	1	Odéon.
Le petit Candide, vaudeville, 1 acte. . . .	3	3	Variétés.
La petite Babet, vaudeville, 1 acte.	4	2	Variétés.
La petite Cendrillon, folie, 1 acte.	3	3	Variétés.
La petite Corisandre, vaudeville, 1 acte. . .	4	2	Porte-St-Martin.
Le Plan de campagne, vaudeville, 1 acte. . .	5	1	Gymnase.
Plus belle Nuit de la vie, vaudeville, 1 acte. .	4	2	Gymnase.
Pourquoi ? vaudeville, 1 acte.	3	3	Vaudeville.
Le premier Prix, vaudeville, 1 acte.	5	1	Vaudeville.
Le Présent, ou l'heureux Quiproquo, c., 1 a.	4	2	
Quinze jours de sagesse, vaudeville, 1 acte. .	4	2	Gymnase.
Rapin, ou le petit Tambour, vaudeville, 1 acte.	5	1	Palais-Royal.
Recette pour marier sa fille, vaudeville, 1 acte.	5	1	Variétés.
La Rente viagère, vaudeville, 1 acte. . . .	5	1	Gymnase.
Tyran d'une femme, vaudeville, 1 acte. . .	4	2	Gymnase.
La Fin du roman, vaudeville, 1 acte. . . .	5	1	Th.-Français.
Arthur, ou Seize ans après, drame-vaud., 2 a.	4	2	Vaudeville.
Résignée, vaudeville, 2 actes.	4	2	Variétés.
Le Sansonnet, vaudeville, 1 acte.	3	3	Vaudeville.
Sara, ou l'Invasion, vaudeville, 2 actes. . . .	3	3	Gymnase.
Sbogar, vaudeville, 1 acte.	5	1	Variétés.
Le Secret de la future, vaudeville, 1 acte. . .	3	3	Variétés.
Le Serrurier, vaudeville, 1 acte.	4	2	Gymnase.
Servante justifiée, vaudeville, 1 acte. . . .	3	3	
Le Soldat et le Vigneron, vaudeville, 1 acte.	4	2	
Le Spleen, vaudeville, 1 acte.	4	2	Vaudeville.
Suites d'un coup d'épée, comédie, 1 acte. . .	4	2	Odéon.
Suites d'un mariage de raison, drame, 1 acte.	4	2	
Suites d'une séparation, vaudeville, 1 acte. .	4	2	Gymnase.

	Hommes.	Femmes.	Théâtres.
Château perdu, vaudeville, 1 acte.	4	2	Vaudeville.
Bon Papa, vaudeville, 1 acte.	2	4	Gymnase.
Brigands des Alpes, vaudeville, 1 acte.	3	3	Vaudeville.
Christophe, vaudeville, 1 acte.	5	1	Gymnase.
Famille des Jobards, vaudeville, 1 acte.	3	3	Gaîté.
Famille Normande, vaudeville, 1 acte.	4	2	Gymnase.
La Fête de ma femme, vaudeville, 1 acte.	4	2	Vaudeville.
L'Épreuve, comédie, 1 acte.	3	3	Th.-Français.
L'Ennui, vaudeville, 2 actes	5	1	Variétés.
Les Empiriques d'autrefois, vaudeville, 1 acte.	5	1	Gymnase.
Élèves du Conservatoire, vaudeville, 1 acte.	1	5	Gymnase.
Les Droits de la femme, comédie, 1 a., en vers.	4	2	Th.-Français.
Les Dix francs de Jeannette, vaudeville, 1 acte.	4	2	
Deux petits Savoyards, opéra-comique, 1 acte.	4	2	
Désespoir de Jocrisse, vaudeville, 1 acte.	4	2	Variétés.
Le Déjeuner de garçon, opéra-comique, 1 acte.	5	1	
Fondé de pouvoir, vaudeville, 1 acte.	4	2	Gymnase.
Fils adoptif, vaudeville, 1 acte.	4	2	Palais-Royal.
Le Fils du Colonel, drame, 1 acte.	4	2	Vaudeville.
Le Fils du Savetier, vaudeville, 1 acte.	4	2	Variétés.
La Fille mal gardée, vaudeville, 1 acte.	4	2	Variétés.
France et Savoie, vaudeville, 1 acte.	4	2	Variétés.
Finot, portier de M. de Bièvre, calemb., 1 a.	4	2	Variétés.
Fils de Triboulet, vaudeville, 1 acte.	3	3	Palais-Royal.
Le Bal d'ouvrier, vaudeville, 1 acte.	3	3	Vaudeville.
Baiser au porteur, vaudeville, 1 acte.	3	3	Gymnase.
Bagatelle, vaudeville, 1 acte.	3	3	
Les Aveugles mendiants, vaudeville, 1 acte.	5	1	Variétés.
L'Avare en goguette, vaudeville, 1 acte.	4	2	Gymnase.
Art de payer ses dettes, vaudeville, 1 acte.	4	2	Vaudeville.
Jean qui pleure et Jean qui rit, vaud., 1 acte.	3	3	Variétés.
Hermann l'ivrogne, drame, 1 acte.	5	1	Ambigu.
L'Homme en deuil de lui-même, comédie, 1 a.	5	1	Odéon.
L'Homme qui se range, vaudeville, 1 acte.	4	2	Variétés.
L'Honneur de ma fille, drame, 3 actes.	5	1	Ambigu.
L'Intrigue hussarde, vaudeville, 1 acte.	5	1	Variétés.
Ivrogne, drame, 2 actes.	4	2	Variétés.
Le Jeune Homme à marier, vaudeville, 1 acte.	2	4	Gymnase.
Anna, vaudeville, 1 acte.	3	3	Palais-Royal.
L'Amant somnambule, vaudeville, 1 acte.	4	2	Porte-St-Martin.
L'Ambassadeur, vaudeville, 1 acte.	4	2	Gymnase.
A-t-il perdu, comédie, 1 acte.	4	2	Odéon.

CABINET SECRET DU MUSÉE ROYAL DE NAPLES.

1 beau volume in-4° grand raisin vélin, orné de 60 planches coloriées, représentant les peintures, les bronzes, les statues érotiques qui existent dans ce cabinet. Au lieu de 100 fr, broché . . . . 60 f.
LE MÊME, figures noires, broché. . 40
— figures coloriées sur chine, demi-reliure en veau. . 80
— figures noires sur chine, demi-reliure en veau. . 70
— doubles fig. noires et coloriées, cart. à la Bradel. 90
— avec les deux collections de gravures sur papier de Chine, parfaitement coloriées, demi-reliure, dos en veau à nerfs 120

L'art ancien et l'art au moyen âge ne se piquaient pas d'une pudeur bien chaste; les plus admirables chefs-d'œuvre sont souvent accompagnés de détails obscènes qui en rendent impossible l'exposition aux yeux de tous. Le cabinet secret du roi de Naples est la seule galerie au monde où l'on se soit proposé de réunir tous les chefs-d'œuvre impudiques. Le livre qui les reproduit est l'indispensable complément de toutes les collections de musées, et doit trouver place dans un coin secret de la bibliothèque de l'artiste et de l'amateur.

OUVRAGES DE CARÊME SUR L'ART DE LA CUISINE.

ART DE LA CUISINE, 5 vol. in-8°. 40 f.
MAITRE D'HOTEL, 2 vol. in-8°. . 16
PATISSIER ROYAL, 2 vol. in-8°. 16
CLASSIQUES DE LA TABLE, 1 vol. in-8°. 10
CUISINIER PARISIEN, 1 vol. in-8° 9 f.
PATISSIER PITTORESQUE, 1 volume in-8°. 10
CONSERVATEUR, 1 vol. in-8°. . 10
TRAITÉ DE L'OFFICE, 1 vol. in-8°. 10

DICTIONNAIRE D'AMOUR
ÉTUDES PHYSIOLOGIQUES
PAR JOACHIM DUFLOT.
Un joli volume in-18, format anglais. — Prix : 3 fr.

C'est un charmant livre, tout le monde le relira *après l'avoir relu*. C'est vrai, simple, gracieux, sentimental, raisonnablement passionné, un peu vif, mais pas trop. — L'observation est toujours fine, souvent profonde; la forme aimable, le style élégant, la méchanceté bonne, si cela se peut dire, et l'indulgence piquante.

Le Dictionnaire d'Amour contient la définition de tout ce qui a été *pensé* et écrit en matière amoureuse; c'est en même temps un livre plein de retenue et de délicatesse, qui a sa place dans le boudoir des jolies duchesses, sur le comptoir de la gracieuse bourgeoise et sur la table de nuit de la piquante grisette.

JEANNE D'ARC,
PAR
A. SOUMET.
Un volume in-8°. — Prix : 5 francs.

ÉLÉMENTS DES SCIENCES PHYSIQUES ET NATURELLES,
BOTANIQUE, par Mlle de BEAUFORT.
Un volume in-18, à l'usage des écoles primaires et des pensionnats. — Prix : 2 fr.

MÉMOIRES DE CONSTANT,
VALET DE CHAMBRE DE NAPOLÉON Ier.
Six volumes in-8°, papier fin très-beau, brochés. Au lieu de 42 fr. . . . **15 fr.**

A LA MÊME LIBRAIRIE

TRAITÉ DE PRONONCIATION

SEULE MÉTHODE EMPLOYÉE AU CONSERVATOIRE

SUIVI

D'UN COURS DE LECTURE A HAUTE VOIX

PAR

M. MORIN (DE CLAGNY)

Professeur au Conservatoire impérial de Musique et de Déclamation

4ᵉ ÉDITION. — 1 VOL. IN-18, PRIX : 1 FR. 50 CENT.

Paris. — Typ. de Mᵐᵉ Vᵉ Dondey-Dupré, rue Saint-Louis, 46, au Marais.

LA

FRANCE DRAMATIQUE

AU DIX-NEUVIÈME SIÈCLE

IMPRIMÉE A DEUX COLONNES SUR BEAU PAPIER

Renfermant tous les chefs-d'œuvre de notre littérature dramatique.

A

Abbaye de Castro (l'), drame, 5 a.   60
Abbé (l') Galant, vaudeville, 2 a.   60
Agamemnon, tragédie, 5 a.   60
Aline Patin, vaudeville, 3 a.   60
Aline, reine de Golconde, op.-c., 3 a.   60
Alix ou les deux Mères, drame, 5 a.   1 »
Amant bourru (l'), com., 3 a. en vers.   60
Amants de Murcie (les), drame, 5 a.   60
Ambassadrice (l'), opér.-com., 3 a.   60
Ame en peine (l'), opéra, 2 a.   1 »
Amour à la maréchale (l'), vaud., 1 a.   60
A minuit, drame, 3 a.   60
André Chénier, drame, 3 a.
Angèle, drame, 5 a., Dumas.   60
Angéline ou la Champenoise, vaud., 1 a.   60
Angelo, drame, 3 a. V. Hugo.   60
Angélus (l'), drame, 5 a.   60
Anglaises pour rire (les), vaud., 1 a.   60
Anneau de la Marquise (l'), vaud , 1 a.   60
Antipodes (les), vaud., 1 a.   60
Antony, drame, 5 a. Dumas.   60
Argentine (l'), vaud., 2 a.
Aristocraties (les), com., 5 a. en vers.   1 »
Article 213 (l'), vaud., 1 a.   60
Assemblée de Famille (l'), c. 5 a. en vers. 60
Auberge des Adrets (l'), drame, 3 a.   60
Avant, Pendant et Après, vaud., 3 a.
Avocat et sa cause (l'), c., 1 a., en vers.
Avoué et le Normand (l'), vaud., 1 a.   60

B

Bains à domicile (les), vaud., 1 a.
Bambocheur (le vaud., 1 a.   60
Barbier de Séville (le opér.-c., 4 a.   1 »
Barbier de Séville (le) comédie, 4 a.   60
Barbier de Séville (le), grand op. 4 a. 1 »
Barcarole (la) opér-com., 3 a.   60
Bataclan, opérette.   1 »
Bayadères de Pithiviers (les), vaud , 3 a   60
Béatrix, drame, 4 a.   60
Beau-Père (le), vaud., 1 a.   60
Bélisario, vaud., 2 a.   60

Belle aux cheveux d'or (la), féerie, 5 a.   60
Belle Bourbonnaise (la), drame, 3 a.   60
Belle Ecaillère (la) drame, 3 a.   60
Belle et la Bête (la), vaud., 2 a.   60
Belle-Mère et le Gendre (la), com., 3 a.   60
Belle-Sœur (la), com., 2 a.   60
Bénéficiaire (le) vaud., 5 a.   60
Bertrand l'horloger, com.-vaud., 2 a.   60
Bertrand et Raton, coméd., 5 a.   60
Biribis le Mazourkiste, vaudev., 1 a.   60
Bœuf gras (le) vaudev. 1 a.   60
Bohémiens de Paris (les) drame, 5 a.   60
Bohémienne de Paris (la), drame, 5 a.   60
Bonhomme Job (le), vaud., 3 a.   60
Bon Ange (le), vaud., 5 a.   60
Bon moyen, vaud., 1 a.
Bonnes d'enfants (les), vaud., 1 a.
Boulangère a des écus (la), vaud., 2 a.   60
Bourgeois de Gand (le), drame, 5 a.   1 »
Bourgeois grand seigneur (le), c., 3 a.   60
Bourgmestre de Saardam (le), vaud., 2 a. 60
Bourru bienfaisant (le), com., 3 a.   60
Branche de chêne (la), drame, 5 a.   60
Brasseur de Preston (le), op.-com., 3 a.   60
Brigitte, drame, 3 a.   60
Brodequins de Lise (les), vaud., 1 a.   60
Brueïs et Palaprat, coméd., 1 a.   60
Bruno le fileur, vaud., 2 a.   60
Brutus, vaud., 1 a.   60
Budget d'un jeune ménage (le), v., 1 a.   60
Bureau de placement (le), vaud., 2 a.   60
Burgraves (les), 3 a. V. Hugo.   60
Bonaparte à l'école de Brienne, v., 2 a.   60

C

Cabinets particuliers (les), vaud., 1 a.   60
Cadet Roussel, Gribouille et Cie.   1 »
Camarade de lit, vaud. 1 a.
Cachucha (la), vaud., 1 a.   60
Cagliostro, opéra-com., 3 a.   60
Calas, drame, 3 a.   60
Caleb de Walter-Scott (le), vaud., 1 a.   60
Camaraderie (la), comédie, 5 a. Scribe.   60
Camarade du Ministre (le), com., 1 a.   60

R

Rabelais ou le Curé de Meudon, v., 1 a. 60
Randal, drame, 5 a. 1 »
Ravel en voyage, vaud , 1 a. 1 »
Rébecca, vaudeville, 2 a. 60
Régine ou les Deux Nuits, op.-c., 2 a. 60
Reine de Chypre (la), gr. op., 5 a. 1 »
Reine de seize ans (la), vaud., 2 a. 60
Rendez-vous bourgeois (les), opéra-co-
mique, 1 a. 60
République (la) l'Empire et les 100 jours. 60
Rêve du Mari (le) ou le Manteau, comé-
die, 1 a. 60
Richard d'Arlington, dr., 5 a. Alexandre
Dumas. 60
Richard en Palestine, op., 3 a. 1 »
Richard Savage, dr., 5 a.
Rigoletti, vaud., 1 a. 60
Rivaux d'eux-mêmes (les), com., 1 a. 60
Robert, chef de brigands, dr., 5 a. 60
Robert-le-Diable, opéra, 5 a. 1 »
Robin-des-Bois, op.-c., 3 a. 1 »
Rodolphe, dr., 1 a. 60
Roi des Frontins (le), vaud., 3 a.
Roi s'amuse (le), dr., 5 a. V. Hugo. 60
Roman (le), comédie, 5 a. 60
Roman de pension (un), vaud., 1 a. 60
Roman d'une heure (le), com., 1 a. 60
Rose de Péronne (la), op.-com., 3 a. 60
Rose jaune (la), vaud., 1 a. 60
Rossignol (le), vaud., 1 a.
Rue de la Lune (la), vaud., 1 a. 60
Ruy-Brac, parodie de Ruy-Blas. 60
Ruy-Blas, dr., 5 a. V. Hugo. 60

S

Saltimbanques (les), vaud., 3 a. 60
Samuel le marchand, dr., 5 a. 60
Sans cravate, dr.-vaud., 5 a.
Sans tambour ni trompette, v., 1 a. 60
Satan ou le Diable à Paris, c.-v. 4 a. 1 »
Seconde année (la), vaud., 1 a. 60
Secret du ménage (le), com., 2 a. 60
Secret du soldat (le), dr.-v., 3 a. 1 »
Secrétaire (le) et le Cuisinier, v., 1 a. 60
Sept heures ou Charlotte Corday, dr.,
3 a. 60
Serment de collège (le), v., 1 a. 60
Shakspeare amoureux, com., 1 a. 60
Shérif (le), op.-c., 3 a. 60
Sirène (la), op.-com., 3 a. 60
Sœur de Jocrisse (la), v., 1 a. 60
Soldat de la Loire (le), dr., 1 a. 60
Somnambule (la), vaud., 2 a. 60
Sonneur de Saint-Paul (le), dr., 5 a. 60
Sophie Arnould, vaud., 3 a. 60
Suisse de Marly (le), vaud., 1 a. 60
Suites d'un Bal masqué (les), c., 1 a. 1 »
Sujet et Duchesse, dr., 3 a. 60
Surprises (les), vaud., 1 a. 60
Susceptible (le), com., 1 a. 1 »
Suzette, vaud., 2 a. 60
Symphonie (la), op.-com., 1 a. 60

T

Talismans (les), drame, 5 a. F. Soulié.
Tasse (le), dr., 5 a. Duval. 1
Temple de Salomon (le), dr., 5 a. 1
Térésa, dr., 5 a. A. Dumas.
Thérèse ou l'Orpheline, dr., 3 a.
Thérèse, op.-com., 2 a.
Tibaut l'ébéniste, vaud., 1 a.
Tisserand de Ségovie (le), trag., 3 a. 1
Tôt ou tard, com., 3 a.
Toujours ou l'Avenir d'un fils, v., 2 a.
Toupinel, vaud., 2 a.
Tour de Nesle (la), dr., 5 a. A. Dumas.
Tout pour de l'or, dr., 5 a.
Trafalgar, vaud., 1 a.
Treize (les), op.-com., 3 a.
Trente ans ou la Vie d'un joueur, dr.,
3 a.
Tribut de cent Vierges (le), dr., 5 a.
Trois quartiers (les), com., 3 a. 1
Turlurette, vaud., 1 a.
Tutrice (la), com., 3 a.

U

Un Bal de grisettes, vaud., 1 a.
Un Duel sous Richelieu, dr., 3 a.
Un Fils, mélodrame, 4 a.
Un Mari charmant, vaud., 1 a.
Un Mari du bon temps, vaud., 1 a. 1
Un Mari, s'il vous plaît, vaud., 1 a.
Un Ménage parisien, dr., 2 a.
Un Mois de fidélité, vaud., 1 a.
Un Moment d'imprudence, com., 3 a.
Un Monsieur et une Dame, vaud., 1 a.
Un Page du Régent, vaud., 1 a.
Un Péché de jeunesse, vaud., 1 a.
Un Premier Amour, vaud., 3 a.
Un Scandale, vaud., 1 a.
Un Testament de dragon, vaud., 1 a.
Un Veuvage, com., 3 a.
Un Vieux de la vieille, vaud., 1 a. 1
Une Chaîne, com., 5 a. Scribe.
Une double Leçon, com., 1 a.
Une Famille au temps de Luther, t., 1 a. 1
Une Faute, vaud., 2 a.
Une Femme laide, vaud., 2 a.
Une Fête de Néron, trag., 5 a. 1
Une Heure de mariage, op.-com., 1 a.
Une Invasion de grisettes, vaud., 2 a.
Une Jeunesse orageuse, vaud., 2 a. 1
Une Journée à Versailles, com., 3 a.
Une Nuit au sérail, vaud., 2 a.
Une Position délicate, vaud., 1 a.
Une Présentation, com., 3 a.
Une Saint-Hubert, com., 1 a.
Une Vision ou le Sculpteur, vaud., 1 a.
Une Visite nocturne, vaud., 1 a.

V

Vagabond (le), dr., 1 a.
Val d'Andorre (le), op.-com., 3 a. 1
Valentine, vaud., 2 a.

Valérie, com., 3 a. Scribe.	60	Voyage à Pontoise, com., 3 a.	1 »
Veau d'or (le), vaud., 2 a.	60	Voyage de Robert Macaire.	60
Vêpres siciliennes (les), trag., 5 a.	1 »	Violonneux (le), op., 1 a.	1 »
Verre d'eau (le), com., 5 a. Scribe.	60		
Vert-Vert, vaud., 3 a.	60	**W**	
Veuve de la grande armée (une), dr.-vaud., 4 a.	60	Werther, vaud., parodie, 1 a.	60
Victorine, dr., 5 a.	1 »		
Vie de château (la), vaud., 2 a.	60	**Y**	
Vie de garçon (la), vaud., 2 a.	60		
Vie d'un comédien (la), com., 4 a.	60	Yelva ou l'Orpheline, v. 2 a.	60
Vieille (la), op.-com., 1 a.	60		
Vieux péchés (les), vaud., 1 a.	60	**Z**	
Villefort, dr., 5 a. A. Dumas.	1 »		
Vingt-six ans, vaud., 2 a.	60	Zampa, op.-com., 3 a.	1 »
Voisin Bagnolet (le), vaud., 1 a.	60	Zoé, vaud., 1 a.	60
Voyage à Dieppe (le), com., 3 a.	60	Zerline, op., 3 a.	1 »

THÉATRE PARISIEN

PIÈCES ANCIENNES ET MODERNES

IMPRIMÉES A DEUX COLONNES

Chaque pièce se vend séparément 60 centimes.

Adolphe et Clara, op.-c., 1 a.
Allez vous coucher, v., 1 a.
Amour et les champignons (l'), parodie, 1 a.
Angélina, dr., 3 a.
Bon ange (le), dr.-v., 1 a.
Chambre à louer, com.-v., 1 a.
Claude Bélissan, v., 1 a.
Dieu et Diable, v., 1 a.
Discrétion, com.-vaud., 1 a.
Don Quichotte aux noces de Gamache, vaud., 3 a.
Femme, le Mari et l'Amant (la), c.-v., 4 a.
Fiancée de l'Apothicaire (la), c., 1 a.
Fille de Robert Macaire (la), mélodr. comique. 2 a.
Fils adoptif (le), v., 1 a.
France pittoresque (la), vaud., 1 a.
Georges ou la Destinée, dr., 3 a.
Gueux de mer (les), dr., 3 a.
Honneur de ma fille (l'), dr. 3 a.
Idée du mari (l'), c.-v., 1 a.
Jocrisse maître et Jocrisse valet, vaud., 1 a.
Madame Basile, com., 1 a.
Ma Femme et sa chambre, com., 1 a.
Maison à vendre, op.-com., 1 a.

Marchésa (la), dr., 3 a.
Mari, la Femme et le Voleur (le), vaud., 1 a.
Ménage du Savetier (le), v., 1 a.
Mila ou l'Esclave, vaud., 1 a.
Musicien de Valence (le), vaud., 1 a.
Naissance et mariage, vaud., 1 a.
Oncle modèle (l'), vaud., 1 a.
Ouvrière (l'), dr., 3 a.
Porteur des Halles (le), tabl. popul., 1 a.
Réveil d'une Grisette (le), c.-v., 2 a.
Rosette ou Promettre et tenir, vaud., 2 a.
Salamandre (la), c.-v., 4 a.
Tout chemin mène à Rome, c.-v., 1 a.
Tremblement de terre de Lisbonne, trag., 5 a., par Maître André.
Trois ans après, dr., 4 a.
Troupiers en cotillon (les), vaud., 3 a.
Un Antécédent, com., 1 a.
Un coup de canne, dr., 3 a.
Un Noviciat diplomatique, com., 1 a.
Un Talisman sous M. de Sartine, v., 1 a.
Une Fille à établir, com.-vaud., 2 a.
Une Heure dans l'autre monde, vaud., 1 a.
Victimes cloîtrées (les), drame, 3 a., par Monvel.

PIÈCES IMPRIMÉES FORMAT GRAND IN-8°

A DEUX COLONNES

Adrienne, vaud., 1 a.
Agrafe (l'), dr., 3 a.
Alchimiste (l'), dr., 5 a., A. Dumas.
Amazampo, dr., 4 a.
Ambitieux (l'), com., 5 a.
Amitié d'une jeune fille (l'), dr., 3 a.
Ange gardien (l'), vaud., 1 a.
Apparition (l'), opéra, 2 a.
Argent par les fenêtres (l'), dr.-v., 3 a.
Arriver à propos, vaud., 1 a.
Art de tirer des carottes (l', vaud., 1 a.
A trente ans, dr.-vaud.
Aubray le médecin, dr , 3 a.
Austerlitz, dr., 3 a.
Aveugle et son Bâton (l'), vaud., 1 a.
Bachelier de Ségovie (le), com., 5 a.
Balochard, vaud., 3 a.
Barbier du roi d'Aragon (le), dr., 3 a.
Baron Lafleur (le), com., 3 a.
Bathilde, dr., 3 a.
Béarnais (le), com., 3 a.
Beaumarchais, dr., 3 a.
Beignets à la cour (les), c.-vaud., 2 a.
Bonheur sous la main (le), vaud., 1 a.
Bonne aventure (la), vaud., 2 a.
Bouffon du prince (le), com.-vaud., 2 a.
Bouquet de bal (le), com., 1 a.
Bouquetière des Champs-Elysées (la), dr.-vaud., 3 a.
Bouquetière du marché des Innocents (la), vaud., 3 a.
Brocanteur (le), vaud., 1 a.
Cabrion, vaud., 1 a.
Cadet de famille (le), vaud., 1 a.
Café des Comédiens (le), vaud., 1 a.
Caliste, vaud., 1 a.
Camille Desmoulin, dr., 5 a.
Capitaine Roland, vaud., 1 a.
Capitaine Roquefinette (le), com.-v., 2 a.
Casanova, vaud., 3 a.
Céline ou la Famille, vaud., 2 a.
Chacun chez soi, vaud., 1 a.
Changé en nourrice, vaud., 1 a.
Chansons de Désaugiers (les), vaud., 5 a.
Chanteurs ambulants (les), vaud., 3 a.
Chasse aux millions (la), vaud., 3 a.
Château de ma nièce (le), com., 1 a.
Château de Saint-Germain (le), dr., 5 a.
Chiens du mont Saint-Bernard (les), dr., 5 a
Christiern de Danemark, dr., 3 a.
Christine à Fontainebleau, dr., 5 a. Soulié
Clut, vaud., 2 a.
Cicily, vaud., 2 a. Scribe.

Claude Stock, drame, 4 a.
Clémence, vaud., 2 a.
Cocorico, vaud., 5 a.
Comte Julien (le), dr., 4 a.
Comtesse du Tonneau (la), vaud., 2 a.
Conseil de révision (le), vaud., 1 a.
Consigne (la), vaud., 2 a.
Coquelicot, vaud., 3 a.
Coulisses (les), vaud., 2 a.
Cotillon III, vaud., 1 a.
Cuisinière mariée (la), vaud., 1 a.
Davis ou le Bonheur d'être fou, v., 1 a.
Demoiselle majeure (la), vaud., 1 a.
Démon de la nuit (le), vaud., 2 a.
Déserteur (le), opéra-comique, 3 a.
Deux Brigadiers (les), vaudeville, 2 a.
Deux Créoles (les), vaud., 2 a.
Deux jeunes Femmes (les), dr., 5 a.
Deux Pigeons (les), vaud., 4 a.
Deux Reines (les), opéra-comique, 1 a.
Deux Sœurs (les), vaud., 1 a.
Deux Sœurs de charité (les), drame, 3 a.
Diadesté (le), op.-com., 2 a.
Diners à 32 sous (les), vaudeville, 1 a.
Dolorès, drame, 3 a.
Dolly, drame, 3 a.
Don Quichotte, drame, 3 a.
Droits de la femme (les), com., 1 a.
Duchesse, comédie, 2 a.
Duchesse de Châteauroux (la), dr., 4 a.
Duels (les), vaudeville, 2 a.
Du haut en bas, vaud., 5 a.
Ecole des Ivrognes (l'), vaud., 1 a.
Ecole des Princes (l'), com., 5 a.
Ecrin (l'), vaudeville, 3 a.
Edith ou la Veuve, drame, 4 a.
Egil le démon (l'), dr., 3 a.
Elève de Saint-Cyr (l'), dr., 5 a.
Emile, vaudeville, 1 a.
Emma, vaudeville, 3 a.
Enfant du faubourg (l'), dr., 3 a.
Enfants blancs (les), dr., 5 a.
Enfant de la balle (l'), vaudeville, 2 a.
Enfants du facteur (les), dr., 3 a.
Enfants trouvés (les), dr., 3 a.
Escroc du grand monde (l'), dr., 3 a.
Etienne et Robert, drame, 4 a.
Etoile de Séville (l'), opéra, 4 a.
Etudiant et la grande Dame (l'), vaud., 2 a.
Eulalie Granger, dr., 5 a.
Exilés de Florence (des), dr., 3 a.
Extase (l'), vaudeville, 3 a.
Fabio le novice, dr., 5 a.

Père Joseph (le), vaud.. 1 a.
Père et parrain, vaud., 2 a.
Père Marcel, vaud., 2 a.
Peste noire (la), d., 5 a.
Petits métiers de Paris (les), vaud., 3 a.
Philippe III, tragédie, 5 a.
Pierre d'Arezzo, drame, 3 a.
Piquillo, opéra-comique, 3 a. A. Dumas.
Plaine de Grenelle (la), dr., 5 a.
Plock le pêcheur, vaud., 1 a.
Polly, vaudeville, 2 a.
Portefeuille (le), dr., 5 a.
Portier! je veux de tes cheveux, v., 1 a.
Prêtez-moi 5 francs, drame, 3 a.
Prévôt de Paris (le), drame, 3 a.
Prima donna, vaud., 1 a.
Procès du maréchal Ney (le), dr., 4 a.
Quatre âges du Palais-Royal, féerie, 4 a.
Quitte ou double, vaud., 2 a.
Ramoneur (le), drame-vaud., 2 a.
Raphaël ou les Mauvais conseils, dr., 3 a.
Réparation forcée (la), comédie, 5 a.
Rigobert, drame-vaud., 3 a.
Rôdeur (le), dr., 3 a.
Ruines de Vaudémont (les), dr., 4 a.
Sac à la malice (le), féerie, 3 a.
Salvoisy, vaud., 2 a.
Samaritaine (la), vaud., 1 a.
Sanglier des Ardennes (le), dr., 5 a.   60
Sans nom, vaud., 1 a.
Sauveur (le), vaud., 3 a.
Schubry, vaud., 1 a.
Secret de mon Oncle (le), vaud., 1 a.
Séducteur et le Mari (le), dr., 3 a.
Simon Terre-Neuve, vaud., 1 a.
Simplette la chevrière, vaud., 1 a.
Sir Hugues de Guilfort, vaud., 2 a.
Six mille francs de récompense, dr., 5 a.
Soleil de ma Bretagne (le), vaud., 3 a.
Soupers de carnaval (les), vaud., 1 a.
Souvenirs de la M** de V... (les), c., 1 a.
Spectacle à la Cour (le), vaud., 2 a.
Stagiaire (le), vaud., 1 a.
Stradella, opéra, 5 a.
Succès (le), coméd., 2 a.
Suites d'une faute (les), dr., 5 a.
Suzanne, vaud., 2 a.
Sylvandire, vaud., 3.
Tante Bazu (la), vaud., 2 a.
Théâtre et la Cuisine (le), vaud, 2 a.
Théodore, vaud., 1 a.

Théophile ou ma Vocation, vaud.. 1 a.
Thomas l'Egyptien, vaud.. 1 a.
Thomas Maurevert, drame, 5 a.
Toréador (le), vaud., 2 a.
Tour de faction (le), vaud., 1 a.
Tourlourou (le), vaud., 5 a.
Tout ou rien, dr., 3 a.
Traite des Noirs (la), dr., 5 a.
Trianon, vaud., 2 a.
Trois Beaux-frères (les), vaud., 1 a.
Trois Dimanches (les), vaud., 3 a.
Trois Péchés du diable, vaud., 1 a.
Tronquette la somnambule, vaud., 1 a.
Tyran d'une femme (le), vaud., 1 a.
Un Amant malheureux, vaud.. 2 a.
Un Bas-Bleu, vaud., 1 a.
Un Cas de conscience, comédie, 3 a.
Un Cœur de mère, vaud., 2 a.
Un de plus, vaud., 2 a.
Un Doigt de vin, vaud., 1 a
Un Enfant, dr -vaud., 2 a
Un Enfant du peuple, vaud., 2 a.
Un Jour de grandeur, comédie-vaudeville.
   2 a.
Un Mariage raisonnable, com., 1 a.
Un Mariage sous l'Empire, vaud., 2 a.
Un Mari tombé des nues, vaud., 1 a.
Un Procès criminel, com., 3 a.
Un Relais dans la Manche, vaud., 1 a.
Un Troisième larron, vaud., 1 a.
Un Voisin de campagne, vaud., 2 a.
Un Tour de roulette, comédie, 1 a.
Une Allumette entre deux feux, v., 1 a.
Une Campagne à deux, vaud., 1 a.
Une Chaise pour deux, vaud., 1 a.
Une Chaumière et son cœur, vaud., 2 a.
Une Dame de l'Empire, vaud , 1 a.
Une Femme qui s'ennuie, vaud., 3 a.
Une Mère, coméd.-vaud., 3 a.
Une Passion, vaud., 1 a.
Une Soirée à la Bastille, com., 1 a.
Vaisseau fantôme (le), opéra, 2 a.
Valentine, vaud., 2 a.
Vambruck rentier, vaud., 2 a.
Vendéenne (la), 1er rôle créé par Rachel,
   drame, 2 a.
Vestale (la), trag., 5 a.
Vieux consul (le), trag., 5 a.
Vingt francs par jour, vaud., 2 a.
Viens, gentille dame! vaud., 1 a.
Violettes de Lucette (les), vaud., 3 a.

RÉPERTOIRE

DU

GYMNASE DRAMATIQUE

La plupart des pièces sont de **M. SCRIBE**, format in-32.

Chaque pièce se vend séparément 1 franc.

Album (l'), coméd., 1 a.
Amant bossu (l'), vaud , 1 a.
Ambassadeur (l'), vaud., 1 a.
Artiste (l'), vaud., 1 a.
Avare en goguette (l'), vaud., 1 a.
Aventures du petit Jonas (les), v., 3 a.
Baiser au porteur (le), vaud., 1 a.
Bal champêtre (un), vaud., 1 a.
Bal d'ouvriers (un), vaud., 1 a.
Belle-mère (la), vaud., 1 a.
Bohémienne (la), dram., 5 a.
Boulevard Bonne-Nouvelle (le), v., 1 a.
Camilla, vaud., 1 a.
Caroline, vaud., 1 a.
Charge à payer (une), vaud., 1 a.
Château de la Poularde, v., 1 a.
Colonel (le), vaud., 1 a.
Comte Ory (le), vaud., 1 a.
Coraly, vaud., 1 a.
Demoiselle et la Dame (la) vaud., 1 a.
Deux Maris (les), vaud., 1 a.
Diner sur l'herbe (un), vaud., 1 a.
Dugazon (la), vaud., 1 a.
Écarté (l'), vaud., 1 a.
Élèves du Conservatoire (les), v., 1 a.
Empiriques d'autrefois (les), vaud., 1 a.
Famille normande (la), v., 1 a.
Famille Riquebourg (la), vaud., 1 a.
Femmes romantiques (les), v., 1 a.
Favorite (la), vaud., 1 a.
Fou de Péronne (le), vaud., 1 a.
Foyer du Gymnase (le), prolog. d'ouv., 1 a.
Gardien (le), vaud., 2 a.
Grisettes (les), vaud., 1 a.
Héritiers de Crac (les), v., 1 a.
Humoriste (l'), vaud., 1 a.
Intérieur de l'étude (l'), vaud., 1 a.
Intérieur d'un bureau (l'), v., 1 a.
Loge du portier (la), vaud., 1 a.
Louise ou la Réparation, vaud., 2 a.
Lune de miel (la), vaud., 2 a.
Madame de Saint-Agnès, vaud., 1 a.
Maîtresse (la), vaud., 1 a.
Maîtresse au logis (la), vaud., 1 a.

Malheurs d'un amant (les), vaud., 2 a.
Mal du pays (le), vaud., 1 a.
Malvina, vaud., 2 a.
Manie des places (la), vaud., 1 a.
Mauvais sujet (le), vaud., 1 a.
Médecin des dames (le), vaud., 1 a.
Mémoires d'un colonel (les), vaud., 1 a.
Ménage de garçon (un), vaud., 1 a.
Mes derniers vingt sous, vaud., 1 a.
Meunière (la), vaud., 1 a.
Michel et Christine, vaud., 1 a.
M. Musard, com., 1 a.
M. Tardif, vaud., 1 a.
Montagnes russes (les), vaud. 1 a.
Moralistes (les), vaud , 1 a.
Moulin de Javelle (le), vaud., 2 a.
Mystificateur (le), vaud., 1 a.
Nouveaux jeux de l'amour et du hasard (les),
    vaud., 1 a.
Nouvelle Clary (la), vaud., 1 a.
Oncle d'Amérique (l'), vaud., 1 a.
Parrain (le), vaud., 1 a.
Pension bourgeoise (la), vaud., 1 a.
Petite Folle (la), vaud., 1 a.
Petite Lampe merveilleuse (la), v., 1 a.
Philibert marié, vaud., 1 a.
Plan de campagne (un), vaud., 1 a.
Prince charmant (un), vaud., 1 a.
Quinze jours de sagesse, vaud., 1 a.
Reine de seize ans (la), vaud., 1 a.
Rossini à Paris, vaud., 1 a.
Savant (le), vaud., 1 a.
Schabahaham II, vaud., 1 a.
Solliciteur (le), vaud., 1 a.
Témoin (le), vaud., 1 a.
Trilby ou le Lutin d'Argail, v. 1 a.
Un trait de Paul Ier, vaud., 1 a.
Une Faute, dr.-vaud., 2 a.
Une Monomanie, vaud., 1 a.
Une Nuit de la garde nationale, vaud., 1 a.
Vampire (le), vaud., 1 a.
Vengeance italienne (la), vaud., 2 a.
Vérité dans le vin (la), vaud., 1 a.
Vieux Mari (le), vaud., 2 a.

PIÈCES IMPRIMÉES FORMAT IN-18 ANGLAIS

LE BRÉVIAIRE DES COMÉDIENS

PAR LELION-DAMIENS

Un volume in-18. Prix : 3 francs.

Paris. — Imprimerie de Dubuisson et Cᵉ, 5, rue Coq-Héron.

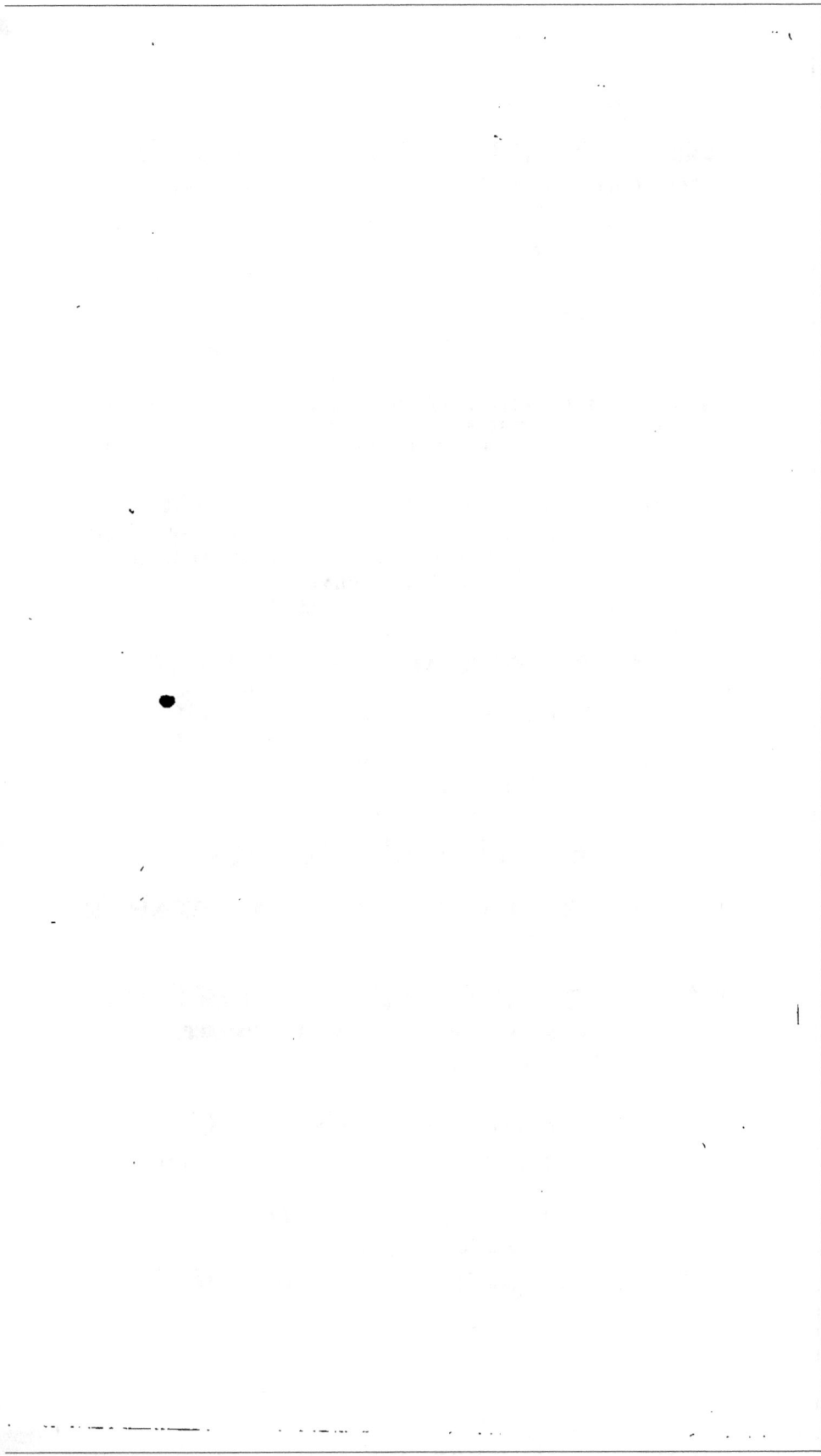